베르그송이 들려주는
삶 이야기

베르그송이 들려주는

삶 이야기

ⓒ 강영계, 2008

초판 1쇄 발행일 2008년 3월 31일
초판 11쇄 발행일 2024년 3월 1일

지은이   강영계
그림   김정진
펴낸이   정은영

펴낸곳   (주)자음과모음
출판등록   2001년 11월 28일 제2001-000259호
주소   10881 경기도 파주시 회동길 325-20
전화   편집부 (02)324-2347, 경영지원부 (02)325-6047
팩스   편집부 (02)324-2348, 경영지원부 (02)2648-1311
e-mail   jamoteen@jamobook.com

ISBN 978-89-544-1987-1 (64100)

베르그송이 들려주는
삶 이야기

강영계 지음

㈜자음과모음

낙엽이 우수수 떨어지는 가을날, 여러분은 프랑스 파리의 세느 강변을 걸어 본 적이 있나요? 아직 프랑스에 가 볼 기회가 없었다고요? 하하. 어서 여러분들도 마음껏 외국여행을 다닐 수 있는 날이 왔으면 좋겠네요.

세느 강변을 거닐며 강변 양쪽에 늘어선 건물들을 보노라면 여러 가지 생각에 잠기게 됩니다. 프랑스 시민혁명의 불이 당겨졌던 바스티유 감옥, 12세기 고딕 건축의 최고봉이라 불리우는 노트르담 성당, 파리의 3대 명문대 중 하나로 고즈넉하면서도 장엄한 분위기를 풍기는 소르본느 대학, 유럽에서 가장 큰 편자 모양의 건축물 안에 인류의 예술혼을 담고 있는 루브르 박물관…….

이 건물들은 모두 프랑스 인들의 자유분방한 사고와 그 속에서 꽃핀 문화적 특성들을 고스란히 간직하고 있습니다. 세느 강변을 거닐며 주변 경치를 감상하고 느긋한 감상에 젖다 보면, 프랑스 인들이 어째서 그토록 자유로운 사고와 행동을 펼칠 수 있었는지 마음으로 느낄 수 있습니다.

프랑스 인들은 삶을 생동하는 것으로 여기고 모든 사물을 다양한 관점에서 바라보았습니다. 세상 만물은 생성과 소멸을 반복하며 끝없이 흐룹니다. 봄이 지나면 여름, 가을이 오고 마지막으로 겨울을 지나고 나면 다시 봄이 오지요? 베르그송의 진화 철학, 또는 생명 철학도 우연히 등장한 것이 아니라 끊임없이 살아 움직이는 세상 만물을 바라보며 탄생한 것입니다.

베르그송은 현대 프랑스 철학의 대표적 인물입니다. 그의 철학은 삶의 철학이라고 알려져 있습니다. 베르그송은 닫힌 삶, 닫힌 사회, 멈추어 있는 종교 등 이전 사상가들이 주장해 오던 고정관념들을 강하게 뿌리치며, 우리들에게 열린 삶, 열린 사회, 역동적인 종교로 나아가는 길을 보여 줍니다.

여러분도 기회가 닿는다면 프랑스 파리의 세느 강변을 한없이 걸어 보세요. 그리고 베르그송의 사상이 오늘을 살아가는 우리들에게 어떤 의미와 가치를 던져 주는지 한번 곰곰이 생각해 보세요. 개인이 가진 직관과 체험으로부터 자유를 추구하며 열린 사회, 역동적 종교로 나아간다는 생명의 약진, 이것이 바로 베르그송의 진화 철학의 핵심입니다.

이제부터 우리는 이야기 속 주인공 현호가 가족들과 함께 떠나는 테마여행을 따라가며 베르그송 철학의 정수를 맛보게 될 것입니다.

자, 준비 되셨나요? 그럼 함께 떠나 봅시다!

2008년 3월
강영계

C O N T E N T S

책머리에
프롤로그

난 베르그송을 안고 안방을 지나가다 우연히 엄마의 날카로운 목소리를 들었다.

"우리한테는 시간이 필요해요. 당분간 각자의 시간을 갖기로 해요."

안방 문을 벌컥 열고 그게 무슨 말이냐고 물으려다 꾹 참았다. 드디어 우리 집에도 오지 말아야 할 것이 왔나 보다. 집안에 문제가 생기면 엄마, 아빠는 그 문제를 어른들만이 해결할 수 있다고 착각을 한다. 또한 그 문제를 자녀들에게는 알리지 않는 것이 최선이라고 생각한다. 그리고 두 분이서 두 분만의 결론을 내린 후 자녀들에게 알린다. 이건 내가 생각하는 진정한 가족의 모습이 아니다. 내가 생각하는 진정한 가족의 모습은 문제가 생기면 자녀들도 참여하여 함께 고민하는 것이다. 엄마, 아빠가 문제를 말하지 않는다고 해서 자녀들이 그 문제를 모른다고 생각하는 건 착각이다. 우리도 집안의 분위기를 느낄 줄 안다. 나 역시 우리 집 분위기가 몇 년째 저기압이란 것을 알고 있었다. 그리고 쉽게 한

랭전선이 물러나지 않으리라는 것도 안다. 어쩌면 이번 겨울 방학이 우리 가족이 함께 보내는 마지막 방학일지도 모른다. 이건 나의 생각이지만 결코 나만의 생각이 아닐 것이다. 나는 이렇게 차가운 기운이 감도는 공간에서 우리 가족과 헤어지고 싶지 않다.

누나는 문제의 원인이 나라고 했다. 내가 엄마, 아빠의 기대와는 달리 지나치게 엉뚱한 생각을 많이 한다는 것이었다. 상상력이 풍부한 것도 문제가 되나? 나는 풍부한 상상력 덕분에 모든 사물과 대화를 할 수 있다. 때문에 친구들과 식구들에게 바보라는 놀림을 당하기도 한다. 손가락을 머리쪽으로 올리고는 빙글빙글 돌리면서 나를 심하게 비웃는 친구들도 있을 정도다.

누나같이 합리적인 사람은 나 같은 사람을 이해하지 못하겠지. 누나의 이론에 따르자면, 나의 지나친 상상력은 아빠의 영향이고, 나를 향한 엄마의 불만이 결국 아빠에 대한 불만으로 확대된 것이다. 내가 아빠를 닮은 것은 맞지만 그렇다고 엄마가 아빠에게 화를 내는 것은 옳지 않다.

아빠의 꿈은 철학자다. 엄마는 아빠의 철학적 생각을 쓸모없는 짓이라고 무시한다. 엄마의 말을 듣고 있으면 아빠는 무능하기 짝이 없는 사람 같다. 엄마와 아빠가 좋은 사이가 되게 하기 위해서 나는 나의 상상력을 멈춰야 한다. 하지만 베르그송과의 대화는 멈추기 싫다.

베르그송은 아빠가 밖에서 주워 온, 네 발만 하얀 검은 고양이이다. 고양이에게 베르그송이라는 이름을 붙인 것은 아빠였다. 나는 베르그송을 나와 동등한 생물체로 보고 대화를 나눈다. 그 바람에 친구들은 나를 대놓고 미친놈이라고 부르지만 친구들이 뭐라 부르든 개의치 않는다.

어쨌든 그게 문제가 아니다. 집안의 위기를 막기 위해서 무엇이든 해야 한다. 책상 앞에 앉아 이런저런 생각을 하고 있을 때 베르그송이 신문 한 장을 입에 물고 와서 한 부분을 앞발로 가리켰다.

"〈가족단합대회 – 세계일주〉?"

나는 의아해 하며 베르그송을 보았다.

"내가 생각했을 때 너희 식구는 시간이 필요해. 1초, 1초 계산할 수 있는 시간이 아닌 참다운 시간, 야옹."

허리를 꼿꼿이 세우고 나를 바라보는 베르그송은 진지했다.

"참다운 시간?"

시간을 가지면 해결책이 나올까? 시간이 모든 것을 다 해결해 줄 수 있을까? 하긴 가족과 함께 하는 마지막 방학일지도 모르는데 그냥 앉아서 흘려보낼 수는 없는 일이었다. 어쩌면 '가족단합대회'가 우리 집의 위기를 막을 수도 있을 거다.

참가 조건을 꼼꼼히 읽는 내 앞으로 베르그송이 연필을 굴렸다. 난 종이를 꺼내 가족의 문제점을 쓰기 시작했다. 문제점을 다 쓴 후 서랍에 숨긴 다음, 참가 허락을 받기 위해 신문만 들고 엄마, 아빠에게 갔다. 그리고 두 분 앞에 앉아 심호흡을 크게 했다.

"엄마, 아빠. 우리 이번 방학 때 여행 가요. 엄마는 또 무슨 엉뚱한 얘기냐고 하실지 모르지만 이번 겨울 방학에 다같이 여행을 가지 않으면 평생 후회할 것 같아요. 시간은 엄마, 아빠에게만 필요한 것이 아니라 우리 모두에게 필요한 것 같아요. 여행 갔다 오면 더 이상 상상의 세계에 빠져 있지 않고 두 분이 바라는 성실한 아들이 될게요. 약속드려요."

상상의 세계와 영원히 이별하는 것, 그래서 베르그송과 내가 애완고양이와 주인의 관계로 돌아가는 것이 슬프지만 우리 가족을 위해서는 어쩔 수 없는 일이었다. 방으로 돌아와 베르그송을 보니 마음이 아팠다. 난 베르그송을 꼭 안았다.

"이제 너와 대화할 날도 얼마 남지 않았구나."

"난 언제나 너의 선택이 최선이라고 믿어, 야옹."

시간

 변화는 존재하지만 변화하는 것은 존재하지 않는다.

– 앙리 루이 베르그송

1 〈가족단합대회-세계일주〉에 귀하의 가족을 초대합니다

대회의 규칙은 다음과 같습니다.

여러분은 한 달 동안 최대 다섯 나라를 가게 될 것입니다. 각 나라의 공항에 도착하게 되면 안내자는 문제가 담긴 편지를 줄 것입니다. 여러분은 그 문제를 풀어야 다음 행선지로 이동할 수 있습니다. 명심할 점은 각 나라에서 마지막으로 문제를 푼 가족은 탈락한다는 점입니다. 마지막 다섯 번째 나라에서 문제를 제일 먼저 푼 가족이 이 대회의 우승 가족이 됩니다.

인원은 한 가족이 5인 이내여야 합니다. 출발은 2007년 12월 23일 오전 8시 인천공항, 3층 출국장 동편입니다.

그럼 여러분 가족에게 행운이 함께하길 기원하겠습니다.

드디어 대회 시작 날이다. 공항버스에서 내리기 전 '열린 사회'에서 보낸 안내문을 다시 읽었다. 인천공항의 둥근 지붕을 보자 심장이 마구 뛰었다. 겨우 공항에 도착했을 뿐인데……. 난 슬쩍 누나를 보았다. 누나는 담담해 보였다. 나처럼 떨리지 않는 모양이다. 가족을 위해서 꼭 일등하자! 그런 마음이 불쑥 들어 나는 누나의 손을 덥석 잡았다. 누나는 어리둥절해 하며 나를 바라보았다. 3층 출국장 동편에 〈가족단합대회-세계일주〉라는 글자가 쓰여진 삼각형의 깃발이 보였다. 새벽 6시가 조금 넘은 시각이라 피곤했을 텐데도 깃발 든 아저씨의 얼굴은 무척 밝았다.

"최현호입니다."

아저씨는 우리에게 비행기 표와 개봉되지 않은 편지봉투를 건넸다. 무늬도 글씨도 없는 흰 색의 봉투는 약간 두툼했다. 봉투를 빛에 비춰 안에 뭐가 있는지 보려고 했지만 전혀 보이지 않았다. 봉투 안에는 뭐가 있을까?

"편지봉투는 목적지에 도착하시면 안내인 앞에서 도장을 받은 후 개봉하셔야 합니다. 그리고 최현호 님, 고양이는 목적지로 미리 보내야 하는데 지금 보내시겠습니까?"

나는 대회에 참가할 수 있다는 안내문을 받은 그날 바로 주최 측에 연락을 해서 가족의 일원인 베르그송도 반드시 함께 가야 한다고 주장했던 적이 있었다. 그리고 함께 갈 수 있다는 허락을 간신히 받아냈다.

베르그송을 아저씨에게 주었다.

"베르그송, 이따 보자. 겁먹을 필요 없어."

야옹, 야옹. 베르그송이 동식물검역소 안으로 무사히 들어가는 것을 본 후 비행기 표를 확인했다. 태국의 '치앙라이'. 우리가 맨 처음으로 갈 곳이다.

2 시간의 숲 속으로

비행기가 무사히 도착하여 치앙라이 공항을 나서자 대회 깃발을 들고 있는 아저씨가 보였다. 아저씨는 환한 미소로 우리를 맞았다. 아저씨는 우리가 내민 봉투에 태국 국기 모양의 도장을 찍었다. 도장 받은 봉투를 뜯자 '열린 사회' 라는 아주 작은 글자들이 가로, 세로로 겹치면서 나타났다. 정말 놀라웠다. 대회를 준비한 회사는 분명 일반 회사가 아닌 게 분명했다. 난 마치 스파이 영화 속에 들어온 것 같았다. 봉투에는 전달사항, 지도, 그리고 소정의

돈이 들어 있었다.

여러분은 지금부터 '시간의 숲 속'을 여행할 것입니다.
시간의 숲 속에서는 그들의 시간을 잘 지켜 주셔야 합니다.
그렇지 않으면 그곳에서 나오지 못할 수도 있습니다.

지도에는 우리가 가야 할 곳이 빨갛게 표시되어 있었다. 빨갛게 표시된 부분은 미얀마와 태국의 국경쯤으로 보였다. 지도를 본 엄마와 누나의 눈빛이 빛났다.

엄마와 누나는 이상하게도 낯선 곳에서 전혀 당황하지 않는다. 아빠와 나는 그저 엄마와 누나가 이끄는 대로 움직이면 된다. 엄마와 누나는 용감하고 똑똑한 여성들이다. 나 같은 아이는 죽었다 깨어나도 누나의 머리를 따라갈 순 없을 것 같다.

우리가 탄 선풍기 버스는 포장도로를 지나 비포장도로를 덜컹거리며 달렸다. 버스는 도시를 지나 산으로 들어갔다. 고산족 마을 입구가 가까워지자 '열린 사회' 깃발을 달고 우리를 기다리는 코끼리 무리가 보였다. 설마 코끼리를 타고? 누나와 엄마는 무섭지도 않은지 코끼리가 무릎을 꿇자 조련사의 도움으로 바로 코끼리

등에 올랐다. 그리고 엉거주춤 서 있는 아빠와 나를 향해 얼른 타라고 소리를 질렀다.

우리를 태운 코끼리가 행선지를 향해 걷기 시작했다. 어찌나 덜컹거리는지 비포장도로를 달리던 버스와는 비교도 할 수 없었다. 속을 전부 뒤집어 놓을 것 같았다. 난 먹은 것이 얼마 없어 다행이라고 생각했다. 그렇지 않았으면 벌써 웩웩거리며 속엣것을 게워 내고 말았을 것이다. 으윽. 또 속도는 어찌나 느린지, 과연 해지기 전에 목적지에 닿을 수 있을까 하는 의심이 들었다. 목적지는 또 얼마나 되는 거리에 있는지도……

해가 뉘엿뉘엿 질 때쯤 코끼리가 멈춘 곳은, 태국 전통의상을 입은 여인과 마을의 추장같이 생긴 할아버지 앞이었다.

"카렌족 마을에 오신 것을 환영합니다. 여러분은 이곳에 다섯 번째로 도착하셨습니다."

여인과 추장 할아버지가 미소를 머금고 인사를 했다. 그리고 우리에게 편지를 주었다.

첫 번째 목적지에 무사히 도착하셨습니다.
이곳 사람들에게 여러분의 현재 시간을 주십시오.

여인이 내 이름이 붙여진 작은 바구니를 내밀었다. 이 바구니에 뭘 담으라는 거지?

"누나, 시간을 어떻게 줘?"

"너도 머리가 있으면 생각을 해 봐. 남한테 물어보지만 말고."

생각아, 떠올라라, 제발 떠올라. 그러나 시간을 달라는데 어떻게 줘야 할지 방법이 떠오르지 않았다. 시간을 한 토막씩 자를 수만 있다면 툭 잘라서 줄 수 있을 텐데……. 시간이 물건이면 얼마나 좋아.

우린 아예 마을 어귀에 자리를 잡고 시간을 줄 방법을 고민했다. 시간은 흐르는데 생각은 떠오르지 않고. 이러다 다른 팀에게 추월당하겠다!

"우리가 시간을 알 수 있는 방법이 뭐지?"

누나가 너무나도 당연한 것을 물었다.

"시계잖아."

"우리가 시간을 알 수 있는 방법은 그것밖에 없나?"

"그럼 누나는 시계 말고 무엇으로 시간을 알아?"

시계를 보았다. 벌써 오후 6시 45분이었다. 우리들의 현재 시간이란 시계를 말하는 건가? 도대체 뭐야? 무슨 문제가 이래, 야~

옹~ 베르그송이 나를 보았다.

"사람들은 이상해, 야옹. 어떻게 아무 표시도 없는 시간을 나누지? 야옹. 시간을 나누지 않으면 시간 속에 갇히지 않고 자유롭게 살 수 있을 텐데, 야옹."

"자유롭게 살 수 있어? 어떻게?"

"날 봐, 야옹. 나는 시간을 나누지 않아, 야옹. 시간에 쫓기지 않고 잘 살잖아, 야옹. 하지만 사람들은 숫자로 된 시간을 죽어라 쫓아가잖아, 야옹. 숫자 보고 발을 동동 구르는 생물체는 사람밖에 없을 거야, 야옹. 그렇게 숫자만 쫓으니 진짜 시간을 느낄 줄이나 알겠어? 야옹. 가짜 시간에 목을 매는 모습이라니, 야옹."

난 내 몸의 이곳저곳을 살펴보았다. 시계 말고는 시간을 가리키는 기계가 없었다. 시계 바늘이 49분에서 50분으로 넘어가면서 우리의 현재 시간 1분이 지나갔다. 여인과 추장 할아버지를 찬찬히 살폈다. 전통의상을 입은 여인과 추장 할아버지의 목, 손목, 발목에는 온갖 색실로 꼬아 만든 줄이 칭칭 감겨 있었다. 그들의 몸 어디에도 시계는 없었다. 시계가 없으면 어떻게 시간을 알지? 우리와 같은 시계가 없을 뿐이지 뭔가 시간을 읽는 방법이 분명 있을 거야. 손목의 시계를 풀면서 슬며시 여인과 추장 할아버지의 표정을 보았다. 그들은 고민하는 우리를 즐거운 표정으로 바라보고 있었다.

난 손목에 있는 시계를 풀어 바구니에 담았다. 아빠, 엄마, 누나가 의아해 하며 나를 따라 시계를 바구니에 담자 추장 할아버지가 고개를 끄덕이며 더욱 밝게 미소를 지었다.

"먼저 이곳 생활에 익숙해지려면 시간을 쓰는 법을 터득하세요. 일어나고, 밥 먹고, 자고, 심지어 여러분이 떠나야 할 시간이 되더라도, 우리는 그 어떤 것도 여러분에게 알려주지 않습니다."

추장 할아버지의 쭈글쭈글한 입이 즐겁게 웃었다.

우리가 지낼 곳은 나무로 만든 집인데 집 바닥이 땅에서 떨어진 2층짜리 집이었다. 추장 할아버지는 인사를 한 후 우리만 남겨두고 어둠이 깔리는 숲 속으로 사라졌다.

"이렇게 어두운데 어떻게 걸어가지?"

"그들에겐 이 정도의 어둠은 어둠도 아니겠지."

아빠가 짐을 내려놓으며 말했다.

"텔레비전도 인터넷도 전화도 냉장고도 아무것도 없는 이런 곳에서 사람들은 어떻게 살까?"

누나가 말하자 아빠가 대답했다.

"대신 이들에게는 산도 있고 나무도 있고 흙도 있잖아. 자연에 익숙해지면 현희가 말하는 것들이 더 거추장스러울지도 모르지."

"지금 한 아홉 시쯤 됐을까? 예전에는 몰랐는데 시계가 없으니 답답해. 내가 하루 종일 인터넷을 안 하다니. 이제부터 뭘 해야 할지 모르겠어. 이럴 줄 알았으면 게임기나 가져올 걸."

"누나는 인터넷 중독이야. 심심하면 누나 어깨에 있는 거미하고 대화를 나눠 봐."

"캬악! 뭐? 거미? 어디 어디? 독거미 아니야? 이런 밀림에 있는 거미는 위험하다고 하던데!"

"독거미는 아닐 게다."

아빠가 누나에게서 거미를 떼어 집 밖으로 내보내며 웃었다. 오랜만에 보는 아빠의 웃음이었다. 아빠의 표정이 산속으로 들어오면서부터 부쩍 밝아진 것 같았다. 문명과 멀어지니 오히려 편안해 보인다고 할까. 그러나 엄마의 표정은 반대로 어두웠다. 역시 엄마는 문명 체질인가 하고 속으로 생각했다. 누나도 엄마도 상당히 불안해 보였다.

"내일 일정에 맞추려면 일찍 잠자리에 드는 게 좋을 거야."

"이런 곳에서 잠을 잔다는 건 시간 낭비야. 이 좋은 무공해 자연

풍경을 놔두고……. 나랑 바깥 구경 하고 싶은 사람?"

아빠는 나가볼 것을 권했지만 엄마랑 누나는 아빠의 말에 아랑 곳하지 않고 자리에 누웠다. 그러자 아빠는 고개를 절래절래 젓다가 다시 한 번 당부했다.

"현희야, 한 번쯤은 화장실을 갔다 와야 할 것 같은데. 당신도 그렇고."

그 말에는 엄마와 누나도 자리에서 억지로 일어났다.

"이런 곳에 화장실이 있어? 양변기 있을까?"

누나는 툴툴대며 밖으로 나왔다. 나는 이런 산속에서 양변기를 찾는 누나가 아까 낮에 똑똑하게 굴던 그 누나가 맞나, 하는 의심이 들었다.

"어둠 속에 있으니 사방 천지가 화장실이네."

누나를 보면서 장난스럽게 웃자 누나가 난감해 했다.

"내가 먼저 볼일을 볼 테니까 다들 어디 가지 말고 다섯 발자국 떨어진 곳에 서 있어. 알았지? 최현호, 노래 부르고 있어!"

"하여튼……. 가지가지 해요. 그냥 빨리 끝내!"

그러자 아빠가 큰 소리로 노래를 불렀다.

"아~빠하고 나~하고 만든 꽃밭에~ 채송화도 봉숭아도 피었습니다~."

아빠가 노래를 부르다니. 엄마와 나는 깜짝 놀라 아빠를 올려다보았다. 누나가 볼일을 마치고 후다닥 뛰어와 아빠에게 찰싹 달라붙었다.

"뒤에서 뭐가 나올 것 같아. 으, 무서워."

이번엔 우리 남자들 차례. 아빠와 나는 나란히 서서 소변을 누었다. 사실 이건 태어나 처음 있는 일이었다. 아빠와 내가 노상방뇨를 하다니, 그것도 엄마와 누나 앞에서. 신이 나서 다시 슬쩍 아빠를 올려다보았다. 아빠 역시 얼굴에 미소를 띠고 있었다. 시원한 산바람이 우리를 감싸안았다.

"왜 이렇게 오래 걸려? 빨리 와."

"아니, 무슨 남자들이 오줌을 이렇게 오래 눠?"

엄마와 누나가 번갈아 가며 재촉했다.

"무슨 소리야. 누나보다 더 짧았어. 1분 정도 됐을까?"

"웃기시네. 한 10분은 넘었겠다."

"현희는 기다리는 입장이니까 시간이 늦게 가지? 똑같은 시간이라도 아빠와 현호의 1분이 현희에게는 10분이 될 수도, 1시간이 될 수도 있어. 그걸 '심리적 시간'이라고 해. 난 엄마한테 혼나고

있을 땐 10분이 하루처럼 느껴지던데. 안 그러니, 애들아? 하하
하."

"뭐라고요?"

엄마가 발끈했다. 하하하하. 누나도 나도 아빠의 말에 맞장구를
치며 웃었다. 참으로 오랜만에 온 가족이 함께 웃었다. 차가운 공
기가 감돌던 한국의 집에서는 상상도 못했던 일이다.

우리는 나무 침대에 나란히 누웠다. 얼기설기 대어 놓은 나무 벽
사이로 찬바람이 들어왔다. 바람은 차지만 옆에 누운 엄마, 아빠
의 온기가 느껴진다. 우리는 여기서 어떤 시간을 보내게 될까? 베
르그송이 말하는 '참다운 시간'을 보낼 수 있을까?

3 초가을의 크리스마스

카렌족 마을에 들어온 참가 가족은 총 여섯이었다.

첫째로 영근, 영철이 형 가족. 마을에 일등으로 들어왔고 둘 다 고등학생이라 했다. 남자인 내가 봐도 둘 다 정말 잘생긴데다가 공부도 잘할 것 같았다. 모든 것이 완벽해 보이는 영근이 형 가족은 도대체 뭐가 문제일까?

둘째로 유진, 유나 가족. 세상에서 가장 예쁜 쌍둥이다. 원더걸스보다 열 배는 더 예쁘다. 신이시여, 감사합니다. 이렇게 예쁜 애들과 함께, 그것도 이런 밀림 속에서 지내게 해 주시다니요. 이 아이들은 나보다 한 살이 어린데, 언제나 손거울을 달고 산다. 쌍둥이라 꿈도 똑같은 것인지, 둘 다 연예인이 되는 게 꿈이라고 했다.

셋째는 하나 누나 가족. 우리 누나랑 동갑인 중학교 2학년이라는데, 하나 누나는 정말 말이 없고 눈을 새치름하게 깔고 있다. 부모님도 평범해 보이는 가운데 어딘가 어두워 보이기도 하고. 난 무척 미스터리한 가족이라고 생각했다.

넷째는 진아 가족. 진아는 나랑 동갑인데 엄청 수다쟁이였다. 진아 말고도 가족 전체가 말이 많고 시끄러웠다. 확신하건대 이 가족은 소음이 문제일 것이다.

그리고 다섯 번째 민수 가족이 있었다. 민수는 나랑 동갑이고 민영 누나는 우리 누나랑 동갑이었다. 민수네는 비만 가족인데, 멀리 있어도 민수네 가족은 금방 알아볼 수가 있었다.

그리고 우리 가족. 이렇게 여섯 가족이었다.

문제를 풀고 카렌족 마을에 들어온 가족들은 그 마을에 머물러 있건 마을 밖의 태국을 관광하건, 일주일간 자유 시간을 가진 뒤 다음 여행지로 이동한다고 했다. 다른 가족들은 태국 관광을 하러 마을 밖으로 나간 팀도 있다고 했다. 하지만 우리 가족은 카렌족 마을에서 떠나는 날까지 한 발자국도 나가지 않기로 했다. 돈을 절약하기 위해 생활의 불편쯤이야 참으라는 엄마의 지령 때문이었다.

사실 오늘은 날짜 상으로 크리스마스였다. 이곳 사람들에게 크리스마스는 여느 날과 똑같은 하루일 뿐이었다. 이곳에서 크리스마스 타령을 하고 있는 이들은 누나랑 나뿐이었다. 우리의 투덜대는 소리가 듣기 싫었던 걸까? 아침 식사 이후 엄마, 아빠의 모습이 보이질 않았다. 어딜 가신 거지? 설마 우리 안 보이는 곳에서 싸우시는 건 아니겠지? 난 마음이 조마조마 걱정이 되었다.

"베르그송, 엄마, 아빠 어디 가셨어?"

"아까 숲 속으로 들어가시던데, 야옹."

"숲 속? 왜? 혹시 두 분이 이곳까지 와서 싸우시는 건 아니겠지?"

"싸움은 애들만 하는 게 아니야, 야옹. 때론 의견 일치를 위해서 어른도 싸울 수 있어, 야옹. 애들만 싸우면서 크는 게 아니라, 어른도 그럴 때가 있어, 야옹. 걱정 마, 야옹. 엄마와 아빠는 참다운 시간을 갖기 위해서 노력 중이야, 야옹."

베르그송은 따뜻한 곳에 옆으로 길게 누워 햇빛을 즐겼다.

"이렇게 햇볕을 쬐고 있으면 햇볕과 내가 하나가 된 느낌이야, 야옹. 나중엔 내가 햇볕인지, 햇볕이 나인지 구분이 안 가게 되지, 야옹."

"우와, 베르그송, 넌 어떻게 그런 말을 할 줄 알아?"

역시 베르그송은 평범한 고양이가 아니었다.

"그건 내가 직접 한 말이 아니고 중국의 장자 할아버지가 한 말을 내가 빌려온 것뿐이야, 야옹. 내가 좀 아는 게 많잖아, 야옹."

잘난 척하기는. 조금만 띄워주면 잘난 척하는 건 사람이나 동물이나 똑같다.

"너도 걱정만 하지 말고 내 옆에 누워서 햇볕하고 친구를 해 봐, 야옹. 대회에 참여한 이상 다른 것은 잊고 대회만 즐기라니까, 야옹. 이 대회가 너희 가족의 위기를 해결해 줄 거라는 너의 믿음만 버리지 않으면 돼, 야옹. 땅바닥이 아주 따뜻해, 야옹."

베르그송이 땅바닥에 몸을 굴렸다. 온몸에 흙이 묻는데도 아랑곳하지 않았다. 엄마, 아빠는 다 큰 성인인데 무슨 일이야 있겠어? 그래, 믿자, 믿어. 나도 베르그송 옆에 앉아 햇볕을 쬐기 시작했다.

옷을 통과한 햇빛이 피부에 닿았다. 햇빛이 다리, 몸, 팔, 얼굴,

그리고 머리를 지났다. 몸이 햇빛에 녹아드는 것 같았다. 나른해지고 눈이 절로 감겼다.

"점심 때를 놓쳤구나."

말소리에 깜짝 놀라 눈을 떴다. 추장 할아버지가 햇빛을 가린 채 내 앞에 서 있었다. 점심 때? 잠깐 잠이 든 것 같았는데 벌써 점심 때가 지났나?

"그림자가 점점 길어진다. 녹색 때가 지났어."

추장 할아버지가 나를 보고 웃었다. 이곳 사람들이 시간을 말하는 걸 들어보면 참 이상했다. 사물의 색깔이나, 그림자 길이가 변하는 것을 변화를 보며 그걸 시간이라고 하는 것이었다. 그림자가 한 뼘 길어진 시간이라는 둥, 녹색 시라는 둥, 짙은 녹색 시라는 둥…… 참 이상하다는 생각이 들면서도 재밌었다. 하지만 추장 할아버지는 그 시간을 말하는 법을 따로 가르쳐주지 않고 우리보고 알아서 터득하라고 하셨다. 일어나는 것도, 밥을 먹는 것도, 일하는 것도, 자는 것도 다 알아서 해야 했다.

근데 그거야 그렇다 쳐도, 문제는 마을에서 지내려면 공동체 생활을 해야 한다는 점이었다. 이곳의 공동체 생활에 참여하지 못하면 제때 밥을 얻어먹지 못할 수도 있다. 우리 가족은 그나마 아빠

덕분에 식사 때를 잘 맞춰 챙겨 먹을 수 있었다. 나 역시 우리 가족에 도움이 되고자 아빠 못지않게 이곳의 시간법 익히기를 게을리 하지 않았다.

저녁 식사를 마친 후 아빠가 마을 어린이들에게 우리나라 전통 악기가 달린 열쇠고리를 선물로 나눠 주었다.

"아빠는 언제 이런 것까지 준비하신 거지?"

"아빠는 돈 버는 것 빼고는 거의 모든 부분에서 완벽하다고 볼 수 있지."

엄마가 칭찬인지 비아냥거림인지 알 수 없는 말씀을 하셨다. 여행이 끝날 즈음이면 엄마에게도 변화가 있을까?

달빛에 비치는 그림자가 내 키보다 두 배 정도 길었다. 밤 아홉 시 정도 됐을 거다. 초가을의 크리스마스였다. 우리는 숙소 앞 계단에 앉아 보름달을 보았다.

"보름달 좀 봐. 보름달이 이렇게 큰 줄 몰랐어. 커다란 은쟁반을 내 머리 바로 위에 딱 붙여 놓은 것 같아. 달빛에 어스름히 보이는 산, 나무, 계곡, 나무집은 정말이지 이 세상 것들 같지가 않아. 난 이런 곳이 맘에 들어. 사람은 이런 곳에서 살아야 해."

나의 말에 누나가 코웃음을 쳤다.

"낭만파 아저씨 아니랄까 봐 참으로 로맨틱하시군. 나는 이런 산 속은 생동감이 없어서 싫어. 심심해. 뭐니 뭐니 해도 도시가 좋지. 미래를 위해 바삐 움직이는 사람들을 볼 때, 그들의 모습이야말로 살아 있다고 느끼거든. 도시야말로 사람이 살 만한 곳이야."

"너희 둘의 말이 다 맞아. 아빠는 이곳에서 이틀 밖에 지내지 않았지만 역시 난 자연인이라는 걸 느꼈어. 지금은 내가 이렇게 언어로 표현하지만 조금 전까지는 달, 별, 바람, 산 속의 소리를 느끼면서 내 기분을 뭐라고 말로 설명할 수 없었단다. 자연이 내는 소리에 가만히 귀를 기울여 봐."

시원한 바람이 우리를 훑고 지나갔다. 아빠 말대로 가만히 귀를 기울이니 이름 모를 풀벌레들이 우리를 에워싸고 음악 축제라도 벌이는 듯 여러 가지 소리를 내고 있었다.

"나는 이곳에서 정말 오랜만에 우주와 내가 하나가 되는 느낌을 가졌어. 아니, 우주와 내가 하나라는 느낌마저 잊은 황홀한 느낌을 맛보았지. 비록 꼴등을 해서 다음 날 한국으로 돌아간다고 해도 지금의 이 시간을 즐겨라. 자연과 하나가 된다면 더할 나위 없이 즐겁게 보낼 수 있을 거야. 알았지?"

"네."

아빠가 양쪽에 있는 누나와 나의 손을 잡았다. 아빠의 체온이 느껴졌다. 따뜻한 아빠의 체온이 왼손을 타고 심장을 지나 오른손을 거쳐 엄마의 손으로 옮겨갔다. 잡고 있는 엄마의 손도 이내 따뜻해졌다.

"시간에 쫓기지 말고 자연과 하나가 되고 아빠랑 엄마랑 누나랑 하나가 되면 참다운 시간을 느낄 수 있어. 야옹."

베르그송이 내 무릎 위로 폴짝 뛰어올랐다.

"현호야, 고맙다. 네가 아니었다면 이렇게 소중한 시간을 상상이나 했겠니."

아빠의 말에 코끝이 찡했다.

"아빠도, 참."

머리 위에서 비치고 있는 보름달이 유난히도 밝았다.

4 시간을 읽는 법

"꼬끼오~, 꼬끼오~, 꼭꼭꼭!"

첫닭이 울었다. 닭이 울면 산꼭대기에 해가 손톱만큼 걸쳐 있다는 뜻이다. 밖으로 나와 앞산을 보았다. 해가 손톱만큼 걸쳐 있었다. 히히, 역시 난 똑똑해. 손톱만한 해는 우리 시간으로 따지면 한 7시쯤일 거다.

우리는 내일 떠난다. 처음 이곳에 왔을 때는 여기서 일주일을 어떻게 지내나 걱정했는데 벌써 여기 들어온 지 6일이 지나다니…… 그 시간 속에 있을 때는 시간이 느리게 흐른다고만 생각했는데, 그 시간을 다 보내고 되돌아볼 때가 되니 시간이 빠르다고 느껴졌다.

난 마을 이곳저곳을 돌아다니며 그 동안 배운 것들을 적었다. 누나처럼 머리가 좋지 않기 때문에 적지 않으면 금방 까먹곤 했다. 이곳저곳을 기웃거리며 기록하는데 민수가 바위에 앉아 뭐라고 중얼거렸다. 민수는 이곳을 빨리 떠날 수 있게 어서 내일이 오라고 기도를 하고 있었다. 하하, 그렇다고 내일이 빨리 오나? 추장 할아버지가 우리를 향해 걸어왔다.

"너희들 여기서 뭐하니? 다들 옥수수 빨리 담는 시합에 참가하러 갔는데."

"기운 없어서 아무것도 못하겠어요. 할아버지, 지금 몇 시쯤 됐어요? 밤이 되려면 아직도 멀었어요?"

민수의 질문에 할아버지가 빙그레 웃었다. 그리고 마당에 있는 큰 나뭇잎을 매만졌다.

"지금은 밝은 녹색이지."

"네?"

민수의 눈이 동그래졌다.

시간의 흐름

10분   15분   20분

본   4번   5번   6번

"무슨 시간이 그래요? 열 시면 열 시, 열한 시면 열한 시, 시간은 그렇게 말해야지요."

"그건 너희들이 말하는 시간이고, 여기서는 이렇게 말한단다. 옅은 녹색, 밝은 녹색, 녹색, 짙은 녹색, 어두운 녹색. 나뭇잎 색이 어두운 녹색으로 변하면 저녁이 찾아오지. 자연의 일부로 살면 금방 알게 될 텐데. 아직도 자연 속에서 떨어져 살고 있구나."

나는 추장 할아버지의 말뜻을 이해했는데 민수는 아직 이곳의 시간법을 알지 못한 모양이었다. 그렇다고 내가 추장 할아버지처럼 한 사물을 여러 단계의 색으로 모두 구별할 줄 알게 된 것은 아니었다. 여전히 시간을 나뭇잎 색으로 말하는 추장 할아버지가 신기할 뿐이다.

추장 할아버지를 따라 옥수수 밭으로 가니 사람들이 나와 민수를 기다리고 있었다. 옥수수 시합은 팀의 단합이 중요한 게임인 듯했다. 난 우리 가족들이 있는 곳으로 가서 게임을 구경했다. 출발점에 쌓여 있는 옥수수를 맞은 편 바구니에 가장 많이 담는 팀이 이기는 시합이었는데, 이번 시합에서 1, 2등을 하는 가족은 마을에서 떠날 때 타고 가는 교통 수단이 달라진다고 했다. 누나와 엄마의 눈빛에서 승부욕의 불꽃이 튀었다. 하지만 난 여전히 추장 할아버지가 말한 시간법에 대해 생각하고 있었다.

"아빠, 추장 할아버지가 한 사물을 여러 단계의 색으로 말씀하시는데 놀랐어."

"햇빛이 움직이는 각도에 따라 사물의 색이 변하니 한 사물에서 나오는 색은 수천 가지가 될 수도 있지. 나뭇잎의 색이 변하는 정도에 따라 시간을 보다니 정말 기발한 생각 아니니? 자연과 공감하지 못하면 아마 평생 가도 알 수 없을 거야. 우리가 말하는 1분, 1초는 자연과학이 수학적으로 정해 놓은 시간법이거든. 그것은 우리가 생활하기 편리하게 나눈 것뿐이지, 참다운 시간이라고 할 수는 없어."

참다운 시간? 그건 고양이 베르그송이 얘기해 줬던 건데.

"프랑스 철학자 베르그송은 시간을 자연과학적 시간과 순수체험으로써의 시간으로 나눠서 말했지. 수학적 시간은 마치 점이 일렬로 모인 선 같은 개념이야. 우리는 선을 잴 때 1cm, 1cm, 1cm, …… 모두 합해서 12cm의 선이라고 말하지. 그때의 선은 자연스럽게 연결돼 있는 것이 아니고 뚝뚝 끊어져 있는 것처럼 생각되기 마련이야. 우리는 실생활에서 시간을 마치 그런 선처럼 생각하고 시간을 계산할 때 1분, 1분, 1분 …… 더해서 모두 12분이 지났,

어, 라고 하지."

"베르그송이 철학자 이름이었어요? 난 우리 고양이 이름인 줄만 알았는데."

"그 철학자 이름을 따와서 우리 베르그송에게 지어줬던 거야."

"아아, 그랬구나……."

자연과학적 시간과 순수체험으로써의 시간…….

"예를 들어 종소리를 들을 때 실은 직접 체험으로 들으면서도 계산할 때는 한 번, 두 번, 세 번…… 모두 열두 번 종소리가 들렸어, 라고 종소리를 쪼개어서 생각해. 그러나 종소리는 처음부터 끝까지 딱딱 끊어지지 않는 하나의 흐름이야. 자연과학적 방식으로 시간을 말할 땐, 1초면 1초, 1분이면 1분 딱딱 끊어져 있으면서 때와 장소를 가리지 않고 모두 적용되지. 하지만 순수체험으로써의 시간은 순간순간 성질이 달라. 장소에 따라서도 그렇고. 하지만 그것들은 모두 끊어짐 없이 다 이어져 있단다. 이해가 되니?"

우리 베르그송이 말했던 참다운 시간이, 철학자 베르그송이 말하는 순수체험으로써의 시간과 같은 뜻이었나?

"그러니까 아빠가 말한 순수체험으로써의 시간이 이런 거야? 내가 100m 달리기를 한다고 해 봐. 수학적으로 계산하면 1초, 1초

따져서 100m를 18초에 달린다고 할 거야. 그런데 100m 달리기에서 수학적 계산을 집어던지면 그냥 '달림'이라는 하나의 흐름이었을 뿐이라는 거지."

아빠가 환하게 웃으며 고개를 끄덕였다.

"또 내 나이가 열두살인데 1년, 2년 하고 나이를 먹으면서 성장한다고 하면 그건 수학적으로 따지는 거고, 수학적 계산을 집어던지면 나는 성장해 가는 하나의 흐름 속에 있을 뿐이지."

아빠가 내 머리를 세게 쓰다듬고 어깨를 꼭 안았다.

"우리 아들이 이 정도인 줄은 몰랐는 걸. 대단해."

"내가 철학적 머리가 좀 되지? 다 아빠 닮아서 그래."

"체험으로서의 시간은 결코 우리가 늘 습관적으로 생각하는 시간이 아니란다. 삶 또는 생명 자체의 흐름이 바로 체험으로써의 시간이야. 우린 그걸 즐기면 되는 거야. 그럼 순수체험으로써의 시간을 즐기러 가 볼까?"

아빠와 나는 서로를 바라보며 씩 웃으며, 대회참가를 준비하고 있는 엄마와 누나 쪽에 합류했다.

옥수수 시합의 결과는 영근이 형 가족이 1등, 그리고 우리 가족이 2등! 아마 아빠와 내가 시간법에 신경을 쓰지 않았더라면 우리가 1등을 했을지도 모르지만……. 그래도 뭐 2등이 된 이상 코끼리를 타지 않아도 되니 얼마나 다행인지 모른다.

"정말 신기해. 한국에 가서도 여기 식으로 시간을 말해 볼까? 시간이 좀 더 있다면 더 자세히 이곳 시간법을 배울 텐데. 우리 시간이 좀 짧다, 그치?"

"아빠도 그 점이 아쉽구나. 현호야, 우리 이번 대회가 끝나면 우리끼리 이곳에 다시 와 볼까?"

"정말? 좋아, 아빠! 엄마랑 누나도 함께."

베르그송이 슬금슬금 내 옆으로 왔다.

"너희 엄마랑 누나도 이곳에서 한 6개월 정도 생활하면 참다운 시간이 뭔지 느끼지 않을까? 야옹."

"밀림에서만 참다운 시간을 느낄 수 있는 건 아니야. 어느 곳에서나 다 가능해. 삶, 그 자체를 즐기면 언제나 가능하지."

내가 지금 무슨 말을 하고 있는 거지? 이건 철학자 베르그송이 한 말이잖아. 베르그송이 의외라는 듯이 나를 보았다. 그리고 이내 자신의 등을 내 손에 비볐다.

"최현호, 많이 발전했는 걸, 야옹."

어느덧 저녁이었다. 꾸루룩, 꾸룩~ 저녁 새소리가 들리면 마을에 어둠이 깔린다. 아침에는 닭이 하루의 시작을 알리고 저녁에는 꾸룩새(울음소리 때문에 내가 '꾸룩새'라고 지었다.)가 하루의 마침을 알린다. 이곳 사람들은 밤에는 별을 보며 시간을 읽고, 낮에는 사물의 상태를 보고 시간을 읽는다. 그 외에도 동물과 곤충들의 소리를 듣고도 시간을 읽을 줄 안다. 자연의 변화로 시간을 계산하니 정말 신기하고 재밌었다. 지금 몇 시냐고 묻는다면 나 역시 '아침 풀벌레 우는 시간'이라고 말했을 것이다. 이곳은 정말 시간의 숲 속이다.

떠날 채비를 하고 마을 입구로 가니 마을 사람들이 나와 양쪽으로 서 있었다. 우리는 이곳을 옅은 녹색 시에 떠날 예정이었다. 난 나뭇잎을 보았다. 이른 아침이라 나뭇잎 색은 이슬 때문에 옅은 녹색을 띠고 있었다. 추장 할아버지는 우리가 마을에 들어왔을 때 맡겼던 시계, 티켓, 그리고 봉투를 주었다. 나는 더 이상 시계가 필요 없을 것 같아 손목에 차지 않고 가방에 넣었다.

우리 앞에 '열린 사회' 깃발을 단 차가 섰다. 작은 트럭을 개조한 차가 우리를 태우고 덜컹거리며 달렸다. 우리 가족은, 다른 팀을 태운 채 육중한 엉덩이를 흔들며 걸어가는 코끼리를 보며 깔깔댔다. 우리는 다른 팀에게 힘껏 손을 흔들며 앞서 갔다.

시간

　우리들은 누구나 '공간과 시간'에 관해서 잘 아는 것처럼 생각하고 행동합니다. 다음의 대화들에 귀 기울여 봅시다.

　"왜 이렇게 늦게 왔어? 우리 두 사람은 집도 먼데 약속 시간 5분 전에 미리 와서 너를 기다렸어. 너는 우리들보다 집이 훨씬 가까운데 15분이나 늦다니 도저히 이해가 안 가. 너는 시계도 비싼 걸 차고 있으면서 늘 지각하는 이유가 뭐니?"

　"나는 제 아무리 늦어야 약속시간보다 2분 정도 늦으리라고 생각했어. 너희들과 함께 오래간만에 영화 보러 가는데 때 빼고 광 좀 냈거든! 너희들은 모를 거야. 번갯불에 콩 튀기듯 후다닥 씻고 옷 갈아입느라고 얼마나 서둘렀다고. 눈 깜짝할 순간에 치장을 다 끝냈다고 생각하고 시계를 보니까 웬 걸. 시간이 상당히 흘렀더라고……."

　"얘들아, 영화 시작하려면 아직 여유가 있어. 시간이 늦었다느니 어쨌다느니 따지는 것은 이제 그만두고 영화 끝난 후 무얼 할지 가면서 이야기하는 게 어때?"

　이상의 대화에서 알 수 있는 것처럼 시간은 물리적 시간, 심리적 시간 및 체험의 시간으로 구분될 수 있습니다. 우리가 시계에 의존해서 헤아리는 시간은 물리적 시간입니다. 마음이 급하거나 초조할 때 그리고 우울할 때 시간이 느리게 간다고 말하는데, 이때의 시간은 심리적 시간입니다. 즐거운 일을 하거나 사랑하는 사람과 함께 있을 때 시간은 매우 빨리 흘러가는 것처럼 느끼게 됩니다.

　삶의 철학자 베르그송은 물리적 시간이나 심리적 시간은 참다운 시간이 아니고, 단지 생활하기에 실용적이고 유용한 시간에 지나지 않는다고 말합니다. 그에 의하면 참다운 시간은 체험, 곧 공감의 시간으로써의 지속입니다. 지속은 끊임없는 흐름을 말합니다.

　우리는 베르그송과 함께 체험으로써의 시간에 관해서 다음처럼 말할 수 있습니다.

　"우리는 시계를 보면서 1초, 2초, 3초…… 이렇게 계산한다. 교회 종소리가 한 번, 두 번, 세 번…… 모두 열 번 울렸다고 말한다. 걸으

면서 한 짝, 두 짝, 세 짝······ 백 짝 걸었다고 말한다. 참다운 시간은 흐르는 것임에도 불구하고 우리는 지성에 의해서 흐름을 끊어서 생각한다. 평소 우리가 생각하는 시간은 공간에 불과하다. 체험의 주체인 직관이 삶의 흐름에 공감할 때 우리는 참다운 시간, 곧 지속을 붙잡을 수 있다."

지성은 모든 것을 형식화하고 공간화합니다. 우리들은 삶의 내면에서 꿈틀거리는 직관을 잊어버리고 지성에 의한 수학적 시간만 주장합니다. 따라서 베르그송은 생명력을 가지고 끊임없이 흐르는 체험적 시간, 곧 지속을 붙잡아야 한다고 주장하는 것이지요.

2

기억

 행동하는 사람처럼 생각하고, 생각하는 사람처럼 행동하라.

– 앙리 루이 베르그송

1 신화의 나라

두 번째 나라는 그리스였다. 나는 신화를 매우 좋아했다. 그래서 그리스에 대해 많이 알고 있다. 따라서 이 나라에서 일어날 일에 대해서는 자신이 있었다.

"낯설지 않아. 왠지 기분이 좋아. 여기선 무조건 1등이야."

입국장을 나오자 대회 깃발이 보였다. 배가 불룩 나온 백발의 할아버지는 제복 차림이었다. 할아버지는 마치 큰 유람선의 선장 같았다. 할아버지에게 편지봉투를 주자 할아버지는 그리스 국기 도장을 찍어 주셨다.

두 번째 나라에 오신 것을 환영합니다.
크노소스 궁전에 있는 파란 기억을 찾아 대지의 배꼽, '옴파로스'
가 있는 신전에 갖다 놓으십시오. 파란 기억은 아폴로 신이 이루지
못한 사랑이며 크노소스 궁전 안 옥좌의 방에 있습니다.
어른들은 크노소스 궁전에 들어갈 수 없습니다.

머릿속으로 빠르게 답들이 지나갔다. 치앙라이에서는 문제를 보
고 막막하기만 했는데, 그리스 문제는 내가 답을 대충 알아서 그
런지 느낌이 좋았다.
"최현호, 넌 신화를 좋아하니 이곳에서 너의 활약을 기대하마."
아빠가 어깨를 툭툭 쳤다.
"어디, 현호 덕분에 이 나라에선 좀 편하게 움직여 볼까."
엄마도 한마디 하셨다.
"네가 아는 정보 좀 풀어 보시지."
누나가 팔짱을 낀 채 한마디 했다.
"크노소스 궁전은 괴물 미노타우로스를 숨기기 위해 지은 미로

로 된 궁전이야. 그리고 옴파로스는 '지구의 중심'이란 뜻으로 아폴로 신전에 있지."

나는 뽐내는 표정으로 말을 이어갔다.

"크노소스 궁전은 크레타 섬에 있고 아폴로 신전은 델포이에 있지. 먼저 크레타 섬에 가서 파란 기억을 찾은 다음 델포이로 가면 돼."

짝짝. 아빠가 박수를 쳤다. 엄마의 표정도 '대단한데.'라고 하는 것 같았다. 어깨가 절로 으쓱거려졌다.

"그럼 파란 기억은 뭐야?"

누나가 물었다.

"그건, 그건 모르겠는데."

내가 우물쭈물 거리자 아빠가 파란 기억은 다 같이 생각하자고 하셨다. 그리고 멀리서 영근이 형 가족이 움직이자 우리도 뒤지지 않으려고 서두르기 시작했다.

크레타로 가는 방법에는 두 가지가 있다. 배냐, 비행기냐. 즉, 시간을 벌 것이냐, 돈을 아낄 것이냐에 따라 두 방법 중 하나를 택해야 한다. 엄마는 돈을 아낄 목적으로 배를 선택하려다 크레타까지 가는 시간이 12시간이라는 말에 비행기를 타기로 마음을 돌렸다.

우리는 국내선 매표소로 향했다. 그런데 마침 오늘 표가 없을 줄이야! 안내하는 누나의 말에 의하면 이곳은 언제 어디서든 간에 예약을 하지 않으면 당일 표를 구하기는 어렵다는 것이었다.

"원하시면 내일 표를 사시겠습니까?"

그리스 매표원이 눈을 말뚱말뚱 뜨고 우리를 쳐다보았다.

"내일이나 움직여야 하니 어떡해요. 지금이라도 배를 타러 가야 하나?"

엄마가 초초하게 말씀하셨다.

"배표도 없으면 어떻게 해. 내일 첫 비행기 타고 가자."

누나가 목소리에 힘을 주어 말했다. 우리는 누나의 의견을 따르기로 했다. 엄마는 시간도 지체되고, 돈도 많이 들어 걱정이라며 크레타로 가는 첫 비행기를 끊었다.

공항 주변에 있는 호스텔은 그리스로 여행 온 각 나라 사람들로 붐비고 있었다. 엘리베이터에서 우리 가족은 한국 유학생 두 명을 만났는데, 홀쭉이와 뚱뚱이의 조합 같은 형들이었다. 낯선 곳에서 한국인을 보니 가족을 만난 듯 반가웠다.

2 기억이 뭐길래

유학생 형들은 저녁 식사를 하려는 우리에게 그리스 식당 '타베르나' 라는 곳을 추천해 주었다. 서민적인 식당이라 많이 비싸지 않은 곳이라고 하자 엄마는 짧게 안도의 숨을 내쉬었다. 우리 가족은 짐을 풀어놓고 형들과 함께 타베르나로 갔다.

나는 '수블라키 삐따' 라는 음식을 선택했는데 마치 우리나라 공갈 호떡에서 바람을 뺀 곳에 야채랑 고기를 넣어 돌돌 만 것 같았다. 바람 뺀 공갈 호떡은 '삐따' 라는 얇은 밀가루 빵이었다. 수블라키 삐따는 내 입맛에 딱이었다. 집에 가서 엄마한테 만들어 달라고 해야겠다고 생각할 정도였다. 나는 종이를 꺼내 수블라키 삐따에 대해 적기 시작했다. 기억력이 나쁜 나에게 메모는 필수다.

"뭐해?"

홀쭉이 형이 물었다.

"한국 가서 엄마한테 이 음식을 해달라고 하려고 적는 거예요."

"너, 공부 잘하지?"

"얘는 공부랑 거리가 먼 애예요."

누나가 잽싸게 끼어들었다. 동생 공부 못 한다고 창피를 주면 좋은가? 나는 누나를 째려 보았다.

"공부할 시간에 엉뚱한 상상하느라 시간을 다 보내요."

난 얼굴이 점점 붉게 달아올랐다.

"훌륭한 위인일수록 상상력이 풍부한 사람들이 많았어. 상상력을 잘 발달시키면 창의력이 커지고, 그 창의력으로 세상에 필요한 물건이나 이론을 만들어낸 거야. 현호가 얼마나 엉뚱한지는 모르겠지만 난 상상력이 엉뚱할수록 새로운 물건이나 이론이 나온다고 생각해. 상상력이 풍부한 건 나쁜 게 아니야."

홀쭉이 형이 내 머리를 쓰다듬는다. 메롱~ 누나는 나의 상상력을 두둔하는 홀쭉이 형의 말에 입을 삐죽거린다.

"어차피 인간의 뇌에는 한계가 있기 때문에 모든 것을 다 기억할 수는 없어. 만약 모든 것을 다 기억한다면 아마 인간의 뇌는 20살이 되기 전에 퇴화하기 시작할 거야. 살아 있는 생물은 무생물과 달리 과거를 현재 안에 담고 있어. 과거를 현재에 담고 있는 것이 기억이지. 만일 생물에게 기억이 없으면 생물의 삶은 엉망진창이 될 거야. 물론 생물의 종에 따라서 기억력의 차이는 있겠지만."

내 주변에는 왜 이리 똑똑한 사람들이 많은 걸까? 형들이 대단해 보였다.

"프랑스 철학자 베그르송이라고 들어 봤어?"

"베르그송은 우리 집 고양이 이름인데요."

누나가 음료수를 마시며 아무렇지도 않게 말했다. 똑똑한 거 맞아? 무식한 누나. 창피했다.

"시간을 자연과학적 시간과 순수 시간으로 나눠서 말한 철학자요."

엄마와 누나가 깜짝 놀라며 나를 쳐다보았다. 이쯤이야. 나는 아빠에게 윙크를 보냈다.

"대단한 걸. 그걸 아는 네 또래 아이는 아마 없을 거야. 베르그송은 기억도 습관적 기억과 순수 기억으로 나눴어. 습관적 기억은 일종의 습관을 말하는 거야. 우리는 대부분 습관적 기억에 의존해 생활하지. 매일 아침 일정한 시간에 일어나서 밥 먹고 준비해서 학교에 가지. 학교 가서 공부하고 공부가 끝나면 다시 집으로 오지. 습관적 기억은 유기체의 몸에 고정된 습관이야. 우리가 현재에 적응하면서 살아가는 것은 다 습관적 기억 때문이지."

"습관적 기억은 기계적 활동을 뜻한단다. 그러니까 유기체 생물들이 모두 가지고 있는 습관적 기억은 자극 반응의 구조를 가지고 있지."

아빠가 형의 말에 보충 설명을 하자 누나의 눈빛이 달라졌다. 홀쭉이 형이 계속해서 말했다.

"베르그송은 순수 기억에 관해 이런 말을 했어. '인간은 다른 생물들과 함께 습관적 기억을 가지고 있다. 그러나 인간은 다른 생물들이 가지지 않은 또 다른 기억을 가지고 있는데 그것을 순수 기억이라고 한다. 우리들은 일정한 자극에 대해서 반응하는 기계적 기억 이외에 우리들 스스로가 간직했다가 회상하는 기억이 있다.' 라고."

습관적 기억과 순수 기억?

"순수 기억에 관해서 몇 가지 예를 들어볼게. 지금 내가 삼각형에 관한 기하학 문제를 풀고 있을 때 언젠가 영화에서 보았던 이집트의 피라미드가 갑자기 떠올랐어. 또 엄마의 얼굴을 보고 있는데 언젠가 보았던 모나리자의 얼굴이 생각났어. 이런 게 순수 기억이야. 베르그송은 일상생활의 모든 사건들을 기억의 형태로 저장돼있는 것이 바로 순수 기억이라고 말해."

뚱뚱보 형이 말을 마치고 물을 벌컥벌컥 마셨다.

"습관적 기억은 물론 기계적인 성질을 가지고 있는 데에 비해서 순수 기억은 전적으로 정신적이야. 순수 기억은 과거 전체를 기록하는 기억이야. 베르그송은 유물론에서 주장하는 뇌 작용으로서의 기억이론을 반대해."

"그건 또 무슨 말이에요?"

형들의 말이 점점 어려워졌다.

"예를 들어 볼게. 시험을 볼 때 아주 잘 알고 있던 영어 단어를 잊어버려서 그것을 생각해 내려고 꽤나 애를 쓸 때가 있지? 며칠이고 생각하려고 해도 생각이 안 나다가 어느 순간 갑자기 영어 단어가 떠올라서 속이 시원한 적이 있었을 거야. 또 어렸을 때 단짝이었던 친구를 몇 년 만에 우연히 다시 만났어. 보통 때는 그 친구의 모습은 물론이고 이름도 기억할 수 있었는데 막상 그 친구를 만나니 이름이 전혀 떠오르지 않는 거야. 친구와 한 시간이 넘게 옛날 얘기를 하면서 웃고 떠들면서도 친구의 이름이 생각나지 않는 거야. 이름을 물어보고 싶어도 차마 그럴 수 없지. 친구와 헤어지고 나서야 친구의 이름이 김태희라는 생각이 떠오를 때가 있어. 기억이 단순히 뇌의 기계적인 작용이라면, 일단 기억된 것은 까맣게 잊힐 수 없고, 필요한 순간에는 언제나 회상되어야 해. 그런데 사실 그렇지 않잖아. 방금 내가 말한 예들은 베르그송이 말하는 순수 기억과 뇌와의 관계를 설명해 주는 거야."

뚱뚱보 형이 말을 마치고 수블라키를 한 입 베어 물었다.

"아, 머리 아파."

누나가 두 손으로 머리를 감싸자 형들과 아빠가 그런 누나를 보고 웃었다.

"근데요, 오빠, 제가 얼마 전에 인간의 뇌에 관한 책을 읽었는데요. 그 책에는 웃고 울고 느끼고 생각하는 모든 것은 인간의 뇌에서 이루어진다고 하던데요. 게다가 놀라운 것은 뇌의 200군데가 넘는 장소마다 하는 역할이 따로 정해져 있다는 사실이 밝혀졌다는데요. 웃고 슬퍼하고 기뻐하게 하는 뇌의 장소들, 기억하고 추리하고 판단하고 창조하는 일을 하는 뇌의 장소들이, 분명히 일정하다는 거예요."

"아빠가 대답해 주마, 현희야. 한 가지만 명심하면 지금 네 생각도 약간 바뀔 수 있단다. 즉 모든 학문의 이론은 가설이라는 거야. 내가 좀 우스운 소리 섞어서 말하자면 '영원 불멸하는 진리는 없다.'는 것이 진리인지도 모르겠구나. 현대 의학에서 뇌 해부학은 끊임없이 뇌의 각 부분과 그 부분들의 역할을 탐구하면서 놀라울 만한 새 이론들을 내놓고 있어. 그러나 그 이론들은 항상 한계를 가지고 있는 가설이라는 점을 명심하렴. 그렇다면 베르그송의 순수 기억에 관한 이론도 영원불변한 진리라고 할 수 없겠지? 그것도 역시 하나의 가설이란다. 우리는 가설을 일단 진리로 받아들이지만 그 진리를 검토하고 비판하여 그것이 문제가 많다고 생각되면, 수정해서 또 새로운 진리를 창안해 내는 거야."

아빠의 말에 형들이 맞장구를 쳤다.

"그러니까 지금 있는 모든 과학 이론은 새로운 내용이 나오면 언젠가 바뀔 수 있는 거네요?"

"그렇지."

아빠가 만족스런 미소를 지었다. 뚱뚱보 형이 과자를 맛있게 먹으며 말했다.

"순수 기억은 우리들의 전체 과거를 고스란히 간직하고 있지만 우리들이 회상할 때는 항상 한두 가지만 머리에 떠오르게 돼. 왜냐하면 뇌는 일종의 필터 역할을 하거든. 뇌는 기억들 중에서 실제로 쓸모 있는 것만을 떠오르게 하는 필터라고 할 수 있어. 뇌는 또한 순수 기억을 실천적 행동에 연결시킴으로써 순수 기억과 습관적 기억을 통일시키는 장소이기도 하지. 우리들이 과거를 회상하는 것은 과거사 전체를 떠올리는 것이 아니라 뇌가 걸러준 것만을 떠올리는 거야. 간단히 말해서 현실 생활에 적응하기 위해서 순수 기억의 일부를 떠올리는 거지. 이 순간 내 몸은 현실 생활에서 행동하고 있기 때문에 순수 기억과 습관적 기억이 통일되지 않을 수 없어."

"베르그송은 의사도 아닌데 뇌에 대해서 공부를 많이 했나 봐요. 아무튼 전 습관적 기억이든 순수 기억이든 아무 기억력이든 좋아서 답을 좀 까먹지 않았으면 좋겠어요. 시험 볼 때면 어찌나 잘 잊어버리는지."

휴~ 말하면서도 난 한숨이 절로 나왔다.

"넌 책을 한 번만 읽고 시험을 봐서 그래. 천재도 아니면서 어떻게 한 번만 읽고 시험을 보냐."

"하하, 현호야. 시험을 볼 땐 책을 적어도 세 번 이상은 읽어야지. 하하!"

누나가 놀리자 형들도 따라 놀리는 기분이다.

"아무튼 철학자들은 대단한 것 같아요. '기억'이란 단어를 놓고 그렇게 많은 생각을 하다니."

"현희도 이제 철학에 관심이 좀 생기니?"

아빠가 빙그레 웃었다. 누나가 철학자를 대단하다고 말한 건 처음이다. 누나는 언제나 철학자들이 하는 일은 쓸데없는 짓이라고 생각하는 사람 중에 한 명이었다. 그러나 엄마는 우리의 대화를 듣기나 하는 건지 아무 반응도 없이 음식만 열심히 먹고 있었다. 엄마는 여전히 '철학이 우리 생활에 무슨 도움을 주는 건데?' 하는 식으로 생각의 변화가 없는 모양이었다.

"그건 그렇고. 그럼 '파란 기억'은 뭘 말하는 걸까요?"

누나의 말에 그제야 우리가 풀어야 할 숙제가 있다는 게 기억났다.

"그러게. 문제 풀 궁리는 안 하고 왜 그리 기억이 어쩌고 저쩌고 하는 얘기들이나 하는 건지."

엄마가 아빠와 누나, 나를 보며 머리를 절레절레 흔들었다. 우리는 이내 꿀 먹은 벙어리가 됐다.

"문제를 볼 수 있을까요?"

나는 가방에서 편지를 꺼내 홀쭉이 형에게 보여 준다.

"파란 기억이라. 이건 아마도 아폴로가 사랑했던 히아킨토스의 전설과 관련이 있는 것 같은데요."

"히아킨토스? 아폴론 신화에 나왔던 미소년이요?"

나의 대답에 형들은 고개를 끄덕였다.

"아폴론은 히아킨토스란 미소년을 사랑했는데 사랑을 이루지 못하고 히아킨토스가 죽었어. 그리고 히아킨토스가 죽어서 히아신스라는 꽃이 됐다는 전설이야."

"근데 파란 기억하고 무슨 상관이에요?"

누나가 형들에게 시큰둥하게 물었다. 순간 '기억'이란 단어가 머릿속을 세게 때렸다.

"아, 히아신스 꽃말이 '기억'이지!"

"빙고!"

형들이 내 대답에 손가락을 튕겼다. 나를 바라보는 누나의 눈빛이 달라졌다. 내가 이런 사람이란 말이지, 흠. 놀랐을 거다. 나는 누나를 쳐다보았다.

"그럼 우린 내일 크노소스 궁전에 가서 히아신스 꽃을 찾아 아폴로 신전에 갖다놓으면 되는 거네. 고마워요, 젊은이들."

이제야 엄마의 입가에 미소가 번졌다.

호스텔로 와 보니 베르그송은 침대에 누워서 자고 있었다.

"베르그송, 드디어 파란 기억의 정체를 알았어."

자고 있는 베르그송의 귀에 속삭였다.

"파란 기억? 야옹. 그거 히아신스 꽃 말하는 거 아냐? 야옹."

"뭐? 알고 있었던 거야? 근데 왜 진작 말하지 않았어."

"물어 보지도 않았잖아, 야옹. 진작 물어 봤으면 말해줬지, 야옹."

베르그송은 귀찮다는 듯이 내게서 등을 돌리고 누웠다. 이런 건방진 고양이를 봤나. 하지만 뭐, 이제 파란 기억의 정체를 알아냈으니 괜찮다. 그것도 내 힘으로 알아냈으니 더 기뻤다. 난 내 기억력이 완전히 빵점인 줄 알았는데, 그래도 아직은 쓸 만한 머리 같다. 좋아, 크레타 섬에 가서도 나의 능력을 보여 주겠어!

3 크레타 섬 찍고, 델포이로

아테네에서 비행기를 타고 이라클리온에 도착하자마자 다시 버스를 타고 크노소스 궁전으로 향했다. 미로 궁전의 대명사인 크노소스 궁전을 실제로 볼 생각을 하니 신화 속 한 장면이 나타나기라도 한 양 떨렸다.

그러나 현실 속의 크노소스 궁전을 보니 실망 그 자체였다. 폭탄을 맞은 듯, 영화에나 나올 법한 폐허를 생각나게 했다. 하긴 몇천 년 전의 궁전이 그대로 남아 있길 바라는 건 욕심이긴 했다.

"어른은 들어갈 수 없다고 했으니 현희랑 현호가 갔다 와라."

아빠가 누나와 나를 진지하게 바라보았다.

"옆으로 새지 말고 들어갔던 길로 바로 나와야 해. 알았지, 최 현호!"

엄마가 목소리에 힘을 주어 말했다.

"내가 언제 옆으로 샜다고. 걱정 마."

궁전으로 들어가기 전 형들이 준 한국어판 지도를 펼쳐 보았다. 지도에 그려진 크노소스 궁전은 전혀 미로 궁전처럼 보이지는 않았다. 옥좌의 방을 찾기는 쉬울 것 같았다.

"우린 지금 궁전의 남쪽에 있으니까 남쪽 정문으로 들어가는 게 좋겠어. 그리고 북쪽으로 계속 직진하는 거야. 북쪽으로 올라가는 계단을 따라가면 평지가 나오고 걷다 보면 오른쪽으로 내려가는 계단이 있어. 그 계단을 따라 내려가서 오른쪽으로 돌면 그 다음에 나오는 게 옥좌의 방이야."

지도를 보면서 거침없이 말하는 누나를 보니 새삼 존경스러웠다. 아빠가 누나의 어깨를 꼭 잡았다.

"현희야, 너만 믿는다."

엄마도 확신에 찬 눈으로 우리를 보았다. 그때였다.

"어머, 현희네 아니에요?"

하나 누나 엄마가 다가오며 말을 걸었다. 그럼 하나 누나는 벌써 들어갔단 말이야?

"하나는 언제 들어갔어요?"

엄마가 물었다.

"2시간 전에 들어갔는데 아직 안 돌아왔어요. 그렇게 찾기 힘든 건지……. 혹시 현호랑 현희가 하나 보면 하나랑 같이 나올래?"

"네."

아저씨와 아줌마의 얼굴에는 걱정하는 빛이 역력했다.

"안전요원들이 곳곳에 있으니 무슨 일이 있으면 연락이 벌써 왔을 거예요. 걱정 마세요. 너희들, 하나 보면 꼭 같이 와라."

"그러게, 왜 이런 쓸데없는 대회에 참가하자고 해서 이런 일을 만들어!"

아저씨가 금방이라도 울 것 같은 아줌마한테 소리쳤다. 아줌마라고 이렇게 될 줄 아셨나, 왜 소리를 지르셔.

"그냥 정신과 치료만 받으면 되지. 이런 걸로 무슨 자신감이 생긴다고."

아저씨가 한숨을 푹푹 쉬었다. 아저씨의 한숨 소리 때문에 땅이

꺼질 것 같았다.

누나와 나는 어른들을 뒤로 하고 궁전으로 향했다. 히아신스 꽃을 찾는 것보다 하나 누나를 먼저 찾아야 할 것 같았다. 별일은 없겠지. 난 앞장서서 성큼성큼 걸었다.

비슷한 돌계단을 몇 개나 올라갔는지 모른다. 그러나 지도상에 보이는 위치는 나오지 않았다. 한눈에 보이는 지도만 보고 너무 쉽게 생각했나 보다. 걸어도 걸어도 돌계단, 돌바닥, 돌벽은 끝이 없었다.

지도에서 봤던 남쪽 계단을 올라가니 돌 평지가 보이는데 맞은편 벽까지 아마 100m는 떨어져 있는 것 같다. 아니, 힘들게 왜 이리 크게 만든 거야? 땀은 비 오듯 흐르고 힘은 점점 빠지고……. 힘이 빠지니 정신까지 흐려지는 것 같았다. 과연 누나와 내가 가는 길이 맞는지조차 의심스러웠다. 하나 누나도, 꽃도 찾기가 힘들 것 같았다.

"누나 진짜 자신 있어?"

"걱정 마. 우리에겐 이게 있잖아."

누나는 주머니에서 뭔가를 꺼내 보여 주었다. 나침반! 정말이지 누나의 세심함이란!

"최현호, 누나만 믿고 계속 가."

누나가 어깨를 툭 쳐서 누나 옆으로 바싹 붙어 걸었다. 우리는 나침반 바늘이 가리키는 북쪽을 향해 하염없이 걸었다. 궁전은 파괴되었지만 안으로 들어가니 서서히 여러 층으로 이루어진 궁전의 면모가 드러났다. 만약 파괴되지 않고 그대로 있었다면 나 같이 길눈이 어두운 사람은 지도나 나침반이 있어도 방향을 잃고 말았을 것이다. 난 거침없이 앞으로 나가는 누나만 따랐다.

역시 다이달로스는 머리가 좋다더니 천재인가 보다. 괴물 미노타우로스를 감추기 위한 궁전으로 손색이 없었다. 이제 오른쪽으로 내려가는 계단이 보였다.

"아, 악!"

그때 어디선가 비명소리가 났다. 등골이 오싹했다. 나는 누나의 손을 꽉 잡았다.

"무슨 일이지? 혹시 하나 누난가?"

"도와주세요! 살려주세요!"

걸음을 멈추고 소리에 귀를 기울였다.

"누나, 먼저 가서 히아신스 꽃을 찾아. 내가 하나 누나 찾아서 금방 따라갈게."

어디에서 그런 용기가 났는지 지도를 펼쳐서 소리가 났을 법한 곳을 살폈다.

"이 계단 아래쪽에서 소리가 난 것 같아. 이 계단 아래쪽은 세 개의 사당이야. 갔다 올게!"

계단 아래쪽으로 가려는데 누나가 뒤에서 잡았다.

"지도 가져가. 난 나침반 가져갈게."

"옥좌의 방 어딘지 기억하겠어?"

"응, 기억해."

누나는 지도를 잘 살핀 다음 나를 보고 고개를 끄덕였다. 옥좌의 방으로 향하는 누나를 지켜보던 난 세 개의 사당 쪽으로 내려갔다. 사당으로 가는 길 구석에 누군가 쭈그리고 앉아 몹시 떨고 있었다. 혹시 저게 하나 누나?

"하나 누나? 여기서 뭐해?"

"꺅!"

내 손이 누나에게 닿자 누나는 자지러지게 몸서리를 치며 소리를 질렀다.

"누나, 나 현호야."

누나가 간신히 머리를 들었다.

"현호?"

난 누나가 말하는 것을 처음 보았다.

"왜 그래? 무슨 일이야?"

"길을, 길을 잃었어. 무서워, 현호야."

"일어나, 누나. 밖에서 누나 부모님께서 걱정하고 계셔. 우리 누나도 들어왔거든. 다 같이 얼른 여기를 나가자."

누나가 힘겹게 일어났다. 누나의 손에 히아신스 꽃이 들려 있었다. 옥좌의 방에 꽃이 또 남아 있을까? 그런 생각을 하며 하나 누나를 데리고 서둘러 옥좌의 방으로 갔다. 그리고 옥좌의 방에서 나오는 누나를 보았다.

"누나!"

누나가 우리를 보자 단숨에 달려왔다. 누나의 가슴에 안고 있는 파란 히아신스 꽃이 눈에 들어왔다.

"하나야, 괜찮아?"

하나 누나는 간신히 고개를 끄덕였다.

"방에 꽃이 몇 개나 남아 있어?"

"우리가 몇 번째인지는 모르겠지만 방에는 그리스 복장을 한 사람이 꽃을 들고 있었어. 그리고 나를 보자 꽃을 준 거야. 오는 순

서대로 주나 봐."

우리는 하나 누나를 양쪽에서 부축하고 걸었다.

"이제 남쪽으로만 가면 돼. 아까 봤던 것들을 잘 기억해 봐."

하지만 나는 아무것도 기억나지 않았다. 내가 본 것들은 돌계단, 돌바닥, 돌벽이 전부였다. 그 외에 또 뭐가 있었지?

"아까 올 때 보니까 우리 키만 한 항아리들하고 그 항아리를 든 사람 그림을 봤어. 나침반을 따라 가다가 항아리하고 그림을 보면 정확한 길을 가고 있다는 증거야."

누나가 말한 대로 얼른 항아리들하고 그림이 나왔으면 하고 바랐다. 몸을 심하게 떨고 있는 하나 누나를 보니 금방이라도 쓰러질 것 같아 겁이 났다. 그런데 하나 누나는 몸을 떨면서도 히아신스 꽃을 놓치지 않으려고 가슴에 꼭 껴안고 있었다.

남쪽 정문으로 가는 계단으로 올라가니 넓은 평지 한쪽에 정말 누나가 말한 항아리들과 그림이 있었다. 언제 이런 것들이 있었지? 아까는 왜 못 본 거야. 기억력이 없어도 이렇게 없다니. 내 자신에게 정말 실망이었다.

남쪽 정문 계단을 다 내려오자 하나 누나의 부모님과 엄마, 아빠가 우릴 기다리는 모습이 보였다.

"현희야, 현호야!"

"하나야!"

아저씨와 아줌마가 하나 누나를 꼭 끌어안았다. 엄마, 아빠도 우리에게 달려왔다. 하나 누나가 아줌마와 아저씨에게 떨리는 손으로 히아신스 꽃을 내밀었다. 그러자 아줌마는 누나를 붙잡고 무슨 일이 생긴 줄 알았다며 눈물을 흘렸다. 그리고 몸은 괜찮냐며 누나를 보았다.

"고마워, 현호야."

하나 누나가 나를 보고 말했다. 하나 누나의 눈가가 촉촉하게 젖어 있었다. 누나는 왜 그 구석에 쭈그리고 앉아 있었을까? 하나 누나가 들고 있는 파란 히아신스 꽃이 바람에 힘없이 흔들렸다. 아저씨와 아줌마는 앞으로도 계속 대회에 참가할 것인지 의논을 하기 시작했지만 쉽게 결정이 날 것 같지 않았다.

우리는 하나 누나 가족을 뒤로 하고 크레타 섬을 떠나 다시 비행기를 타고 델포이로 향했다.

"하나 엄마가 그러는데 하나가 7년 전에 유괴되었다가 이틀 만에 풀려났대. 그것도 자기 집 아파트 계단에서 없어졌대. 그때 그 일로 하나는 말이 없어지고 7년이 지난 지금까지도 많이 힘들어

한다고 해. 그 이틀 동안 무슨 일이 있었는지, 아무리 심리치료를 해도 완치가 안 된다는구나. 이번 대회도 하나를 더욱 밝고 용기 있는 사람으로 만들기 위해서 참가한 거래."

"이 세상 유괴범들이 몽땅 없어졌으면 좋겠어!"

델포이로 가는 길에 엄마가 하나 누나에 대해서 말해주었다. 하나 누나가 안쓰럽다는 생각이 들었다. 하나 누나네도 이 대회를 통해 좋은 결과가 생기길 바랐다.

우리가 탄 버스 앞으로 파르나소스 산이 보인다. 델포이는 파르나소스 산에 있는 고대 신탁도시다. 유적지는 오랜 세월이 흐르는 동안 여기저기가 깎여져 형체만 볼 수 있었지만, 과거 이곳에서 신의 소리를 들었다고 생각하니 마음이 경건해졌다. 우리는 옴파로스가 있다는 신전 안으로 향했다. 신전 안으로 들어서자 고대 그리스의 복장을 한 여인이 우리를 기다리고 있었다. 여인의 옆에는 커다란 돌멩이가 있었다.

저게 옴파로스구나. 누나와 나는 꽃을 여인에게 준다.

"축하합니다. 여러분은 이곳에 네 번째로 도착하셨습니다. 수고하셨습니다."

여인은 환하게 웃으며 다음 행선지의 비행기 표와 문제가 담긴 편지봉투를 주었다. 누나는 다음 나라가 어딘지 궁금해 했지만 나는 하나 누나가 더 궁금했다. 하나 누나네는 이 대회를 계속할까?

안 좋은 기억을 완전히 없애는 약은 없을까? 있다면 하나 누나에게 주고 싶다. 궁전 안에서 문득 떠오른 하나 누나의 기억도 순수 기억인지 궁금해졌다. 생활하는 데는 순수 기억과 습관적 기억, 둘 다 있어야 한다고 했는데, 하나 누나의 좋지 않은 기억도 하나 누나가 살아가는 데 필요한 것일까? 기억이 뭐길래 이렇게 사람의 마음을 괴롭히는 걸까. 하나 누나를 생각하니 마음이 좋지 않았다.

하늘을 향해 높게 솟은 돌기둥을 보았다. 그러고 보니 새해를 그리스에서 맞는다. 내년, 우리 가족의 모습은 어떻게 변해 있을까? 신들에게 묻고 싶다. 그러나 바람 소리 외에는 아무 소리도 들리지 않는다.

우리는 더 이상 신들의 소리가 들리지 않는 아폴로 신전을 내려왔다.

정의로운 삶

다음 글들은 인간에 관한 정의들입니다.

"인간은 정치적 동물이다."

"인간은 생각하는 이성적 동물이다."

"인간은 말할 줄 아는 존재다."

"인간은 웃을 줄 아는 동물이다."

"인간은 자기 자신을 반성할 줄 아는 존재다."

　이상에서 전개된 인간의 정의는 저마다 타당한 근거를 가지고 주장하는 것들입니다. 뭐니 뭐니 해도 인간이 다른 동물들과 구분되는 이유는 인간이 정신적 존재라는 것에 있을 것입니다. 우리는 다음처럼 말할 수 있습니다.

"유인원들 곧 침팬지, 고릴라, 오랑우탄 등도 확실히 어느 정도의 지성을 가지고 있다. 그들은 어려서부터 간단한 도구를 만들고 사용하는 방식을 학습하여 기억한다. 고릴라들이 풀줄기를 다듬어서 고목나무의 구멍에 집어넣어 흰개미를 풀줄기에 묻혀서 핥아먹는 모습을 보면 그들에게 분명히 지성과 기억이 있다는 사실을 알 수 있다."

물론 새나 소나 개도 낮은 수준의 지성과 기억력이 있습니다. 그러나 인간은 다른 동물들의 지성이나 기억력에 비교할 수 없을 정도로 고도의 지성과 기억력을 가지고 있을 뿐만 아니라 삶 자체와 공감할 수 있는 창조적 정신과 기억을 소유하고 있습니다.

우리는 인간의 기억에 관해서 다음처럼 말할 수 있습니다.

"인간은 동물계에서 가장 허약한 존재다. 치타와 달리기를 하면 제아무리 빨리 달리는 올림픽 금메달리스트라도 치타를 이길 수 없다. 시력이 제아무리 좋은 사람이라도 높은 차원에서 땅을 응시하다가 번개처럼 내려와 병아리를 채어가는 수리의 시력처럼 예리할 수 없다. 냄새 맡기의 달인이 있더라도 십 리 밖에서 냄새 맡고 날아오는 파리만큼 후각이 발달할 수 없다. 파스칼이 말한 것처럼 인간은 접시

물에도 질식사할 수 있는 약하디약한 존재다. 그러나 인간은 생각하는, 곧 정신적인 갈대다."

인간은 어디까지나 정신적 존재로서, 창조적 기억을 소유한다는 점에서 다른 동물들과 질적으로 차이가 납니다. 동물들의 기억은 어디까지나 본능적이기 때문에 동물들은 몸 자체가 습관적 기억에 젖어 있습니다. 즉 동물들은 자극에 대해서 반응하는 단순한 습관적 기억으로 환경에 적응합니다.

그러나 인간은 체험하고 공감하는 순수 기억에 의하여 자신의 삶을 창조할 수 있습니다. 석가모니가 "모든 사람들의 마음은 부처님의 마음이다."라고 말한 것, 소크라테스가 델피 신전의 무녀의 가르침에 의해서 "너 자신을 알라."라고 말한 것은 모두 삶과 하나가 될 수 있는 순수 기억에 의해서였습니다.

3

직관과 지성

 지성은 현상의 지식에 제한되어 있음에 비해서 직관은 실재에 관한 지식을 제공한다.

– 앙리 루이 베르그송

1 우리 가족 파이팅!

비행기에서 창밖을 내다보니 짙푸른 색의 섬들이 보였다. 여느 섬처럼 뜨문뜨문 있는 것이 아니라 가는 선 하나를 놓고 즐비하게 서 있었다.

"섬의 형태가 좀 이상해."

아빠가 창밖을 보았다.

"저건 섬이 아니고 아마존 밀림인데. 이제 다 왔군."

"아마존 밀림? 그럼 저 가는 선들은 뭐야?"

"아마존 강줄기인데."

"강줄기가 점점 굵어지는데. 꼭 뱀이 지나가는 것 같아. 아나콘다 같은 거. 브라질에 있지?"

아빠가 고개를 끄덕였다. 설마 아마존 밀림으로 들어가라는 문제는 나오지 않겠지. 마나우스 공항에 내려 입국장을 나서자 대회 깃발이 바로 보였다. 몸이 아주 푸짐한 콧수염의 아저씨가 얼굴 가득 웃음을 머금고 깃발을 흔들었다. 문제가 담긴 편지봉투를 아저씨에게 내밀자 브라질 국기 도장을 찍어 주었다.

세 번째 나라에 오신 것을 환영합니다.
이 사진 속 건물의 안내데스크로 가십시오.
그리고 안내자의 지시를 따르십시오.

봉투에는 사진 세 장이 있을 뿐이었다. 둥근 지붕이 있는 한 채의 네모 건물. 이 사진만으로 건물을 찾아가라니, 이건 해도 너무했다.

"마치 둥근 지붕이 언젠가 책에서 본 이슬람 사원 같아."

브라질에 이슬람 사원이 있나? 여긴 가톨릭 국가 아닌가? 이 건

물을 어떻게 찾지? 깃발 든 아저씨에게 사진을 보여 줬지만 아저씨는 웃기만 할 뿐 아무 말도 하지 않았다.

누나가 사진을 들고 공항 안내데스크로 갔다. 그리고 안내원과 열심히 뭔가를 이야기하더니 종이에 뭔가를 써서 다시 돌아왔다.

"나만 따르시오."

누나가 의기양양한 모습으로 우리를 이끌었다. 바닥에 주저앉았던 엄마가 힘겹게 일어났다. 엄마는 많이 지쳐 보였다. 대회 시작한 지 15일이 지나니 이제야 우리의 모습이 여행자의 모습 같았다. 머리에서부터 신발까지 먼지투성이에 얼굴은 살이 빠져 볼이 쏙 들어가…… 외모에 신경을 전혀 안 쓰고 세수만 간신히 하고 돌아다녔더니 그 모습이 점점 자연을 닮아가는 것 같았다. 누나도 많이 지쳐 보이는데 악으로 버티는 것 같았다. 일등에 대한 집념……. 참 대단한 누나였다.

누나를 따라 버스에서 내린 곳은 사진 속의 건물 앞이었다.

"와, 누나 진짜 멋지다."

누나를 보며 엄지손가락을 바짝 들어올렸다. 누나를 따라오면서도 과연 누나가 건물을 찾을 것인가 의심했는데, 자고로 사람은 머리를 써야 하나 보다. 엄마가 누나 반만 닮으라고 하시는 말을 이제야 알 것 같다. 하지만 나는 죽었다 깨어나도 누나의 반도 따라가지 못할 것이다. 지성미가 철철 넘치는 누나는 나랑은 영 맞지 않는다.

사진 속 건물은 '아마조나스'라는 오페라 극장이었다. 극장 안으로 들어가니 지붕이 꽤 높았다. 우리가 걸을 때마다 발소리가 유난히 크게 들렸다. 안내데스크에 있는 안내원이 우리를 반기며 이곳에서 뭔가를 보고 가야 하니 조금만 기다리라고 했다. 그때 상영관 문이 열리며 반가운 소리가 들렸다.

"현호 오빠!"

"어? 이게 누구야, 유진이, 유나 아니야? 영근이 형, 영철이 형도!"

이곳에서 유진이, 영근이 형 가족을 만날 줄이야. 누나가 나를 안으로 끌고 들어갔다.

"그럼, 뭐야, 쟤들이 1, 2등이란 말이야?"

누나가 씩씩거렸다. 지친 누나의 모습은 온 데 간 데 없고 누나의 승부욕이 다시 불타올랐다.

우리가 자리에 앉자 무대 위로 대형 스크린이 내려왔다. 잠시 뒤 브라질에 관한 다큐멘터리가 시작되었다. 브라질의 문화, 역사, 전통과 아마존 강의 이야기는 아주 인상적이었다.

다큐멘터리가 끝나고 스크린이 천장으로 올라가자 무대 위에 '벨렘'이라고 쓰인 깃발이 보였다. 무대는 아마존의 밀림처럼 열매가 풍성하게 달린 나무들로 빼곡했다. 연극의 내용은 아마존 숲의 부족들이 문명인들 때문에 고통받고 있다는 것이었다. 아마존 밀림이 사라지고 있다는 사실, 그로 인해 아마존 부족들이 살기 힘들어 하는 모습을 보니 비록 연극이라 할지라도 마음이 영 좋지 않았다.

밖으로 나와 안내데스크로 가니 안내원이 봉투를 주었다.

'구리 색을 가진 사람들의 마을'을 찾아 가십시오.
그들은 강가에 사는 사람들입니다.
그곳은 '망고나무 가로수의 도시'로 가기 전에 있습니다.

"최현호!"
극장을 나오는데 듣고 싶지 않은, 꿈이기를 바라게 만드는 목소리가 들려 왔다. 아, 이 목소리는! 제발 저들과 섞이지 않게 하소서. 진아네 가족이 극장 전체를 울리며 우리를 향해 달려왔다.
"어, 언니 안녕! 아저씨, 아주머니도 안녕하세요! 민수랑 하나

언니 탈락한 거 알지? 몰랐어? 민수는 진작 탈락할 줄 알았는데 하나 언니는 정말 의외야. 그 잘생긴 고등학교 오빠들은 지금 어디에 있을까? 봤어? 못 봤어? 그 쌍둥이들은? 근데 쌍둥이들은 왕 싸가지야. 아니, 내가 지들보다 한 살이나 많은데 뭐라고 말하면 듣지를 않아. 말하는 도중에 휙 가 버린다니까. 그런 싸가지들이 어디 있어. 안 그래? 그나저나 다들 어디 간 거야? 탈락은 아닐 텐데. 아, 우리가 이러고 있을 때가 아니지. 여기가 최종 목적지야? 최종 목적지이면 너무 싱거운데. 아무튼 여기서 우리 기다려. 알았지? 엄마, 아빠, 빨리 와!"

진아는 자기 이야기만 하고 아저씨와 아주머니를 이끌고 극장으로 후다닥 뛰어 들어갔다.

"정말 정신이 하나도 없어. 진아는 말하는 게 중구난방이야. 이 얘기 했다, 저 얘기 했다. 뭔 소리를 하는 건지. 또 만나기 전에 얼른 도망가야지."

누나는 버스정류장으로 뛰어갔다. 나도 엄마, 아빠 손을 잡고 누나를 따라 뛰었다. 우리는 버스에 올라 탄 후에야 안도의 한숨을 쉬었다.

"이제 망고 도시 찾으러 가야지."

누나가 가쁘게 숨을 몰아쉬며 말했다.

"근데, 망고 도시가 어디야?"

"망고 도시는 벨렘이야."

내 물음에 엄마가 대답했다. 난 뒤에 앉은 엄마를 보았다.

"어떻게 망고 도시가 벨렘이야?"

"아까 연극할 때 못 봤어? 벨렘 깃발 기억나? 무대 위에 설치된 나무들도 전부 망고나무였는데. 일부러 그렇게 설치해 놓은 거잖아. 우리에게 정보를 주려고."

"우와, 엄마 대단해."

엄마에게 박수를 쳤다. 엄마가 별거 아니라는 듯 어깨를 으쓱였다. 그리고 씩, 얼굴에 미소를 띠었다.

엄마도 드디어 여행을 즐기는 것 같았다. 며칠을 빗지 못해 엉켜버린 엄마의 머리카락, 화장을 하지 않아 창백한 얼굴빛, 반쯤 지워진 눈썹, 엄마의 주근깨, 때가 낀 엄마의 잠바, 어느 것 하나 예전에는 보지 못했던 엄마의 모습이었다. 그러나 여행을 즐기는 엄마의 모습은 그 어느 때보다 아름다웠다. 누나도 아빠도 겉모습은 정말 볼품없지만 서울에서보다 자신감에 차 보이고 훨씬 멋졌다. 난 속으로 외쳤다. 우리 가족 파이팅!

2 따지기 대장 최현희

아직도 귓가에 '최현호!' 라고 부르던 진아의 목소리가 쨍쨍했다. 금속 철길이 깔린 이를 보이며 씩 웃는 진아의 모습은 생각만 해도 소름이 돋는다. 으으!

우리가 탄 버스가 중앙시장 앞에서 멈췄다. 중앙시장에서 내려 시장으로 들어갔다. 시장은 크게 과일 파는 곳, 생선 파는 곳, 생활필수품 파는 곳으로 나뉘어 있었다. 우리는 망고 도시라는 곳에 대한 정보를 더 얻기 위해 과일을 파는 곳으로 갔다.

"망고 도시 벨렘? 그곳은 아마존의 끝인데. 여기 항구에서 출발하는 배를 타면 갈 수 있어요."

망고를 파는 아주머니가 말했다.

"그럼 우린 식인 고기, 악어, 그리고 아나콘다가 있는 아마존 밀림으로 들어가야 하네. 아마존 갔다 오면 브라질 축구 볼 시간도 없겠네. 아, 실망스러워."

브라질까지 와서 브라질 축구를 못 보다니 정말 실망이었다.

"축구가 뭐가 그렇게 재밌냐?"

"답답한 소리 하시네. 축구는 예술이야."

"축구가 무슨 예술이냐? 그냥 스포츠지. 말 그대로 공 하나 놓고 뛰는 운동."

"누나는 스포츠의 세계를 너무 몰라. 올림픽에서 금메달을 따는 것도 힘으로만 되는 게 아니야. 경기 흐름을 잘 읽고 적절한 순간을 캐치해 내는 직감적인 슛! 그게 바로 예술이지. 그런 게 없으면 결코 골을 넣을 수 없어. 뭐 잔디밭에서 뛰기만 하면 다 축구인 줄 알아?"

"그럼 저 애들이 하는 건 뭐야?"

누나가 공터에서 다 낡은 공을 갖고 뛰어다니는 한 무리의 브라질 아이들을 가리켰다.

"축구지."

"근데 저게 넌 예술로 보이냐? 경기 흐름? 직감? 말을 하려면 좀 타당한 근거를 대가면서 해 봐라."

할 말이 없었다. 저 아이들의 움직임에도 분명 어떤 흐름이 있는 게 분명한데 말로 설명할 수가 없었다.

"아주 잘나셨어."

"그렇게 좋아하는 축구를 너는 왜 안 해?"

"난 흐름을 잘 캐치하지 못해서 그래."

"그게 말이 되니? 차라리 운동신경이 없어서 못 한다고 해라."

그리고 획 돌아서 항구 쪽으로 갔다. 누나 말이 맞았다. 난 운동신경이 없다. 말없이 누나의 뒤를 따랐다.

항구 근처에 이렇게 여행사가 많다니. 대부분이 아마존 탐험의 간판을 크게 내걸고 있었다.

"비행기 안 타고 배 타고 가려고? 꽤 멀 텐데……. 문제 풀고 시간나면 꼭 상파울로에 들렀다 가야 한단 말이야. 엄마, 비행기 타고 가자."

나는 최대한 애처롭게 말했다. 그리고 불쌍한 눈으로 엄마를 바라보았다.

"상파울로 가려면 돈을 아껴야 해."

그리고 엄마는 여행사 안으로 들어가 벨렘까지 가는 배의 가격을 흥정했다.

"1박2일짜리 페리가 있대. 가격도 저렴해. 바로 떠난다는데."

"배 위에서 1박2일?"

엄마의 말을 듣고 있을 때 몸이 굉장히 뚱뚱한 아저씨가 여행사에서 나왔다. 윗옷이 너무 작아서 아저씨의 배꼽이 다 보였다. 아저씨는 우리를 한 사람씩 꼭 껴안으며 반갑게 인사를 했다. 그리고 혼자 뭐라고 신나게 떠드는데 그 소리가 진아와 버금갔다. 좋지 않은 예감이 들었다.

예상대로 아저씨는 배를 타러가는 내내 주변 사람들 일에 참견을 했다. 배를 타러가는 데까지 족히 1시간은 걸린 것 같았다. 그런데 1박 2일이라니…… 걱정이 되었다.

"엄마, 이게 뭐야. 이게 유람선이야?"

너무했다. 우리 앞에 펼쳐진 유람선은 한강에 떠다니는 그런 종류가 아니었다. 여기저기 칠이 벗겨져 녹슨 철이 거의 드러난 고물 배였다. 못 돼도 20년은 훌쩍 넘은 것 같았다. 정말 이 상태로 벨렘까지 갈 수 있을까? 엄마는 이미 돈을 지불했다며 먼저 배 위에 올랐다. 누나가 나를 잡아끌었다. 신이시여, 제발 우리를 보호하소서······.

우리 옆방에는 프랑스에서 아마존을 관광하러 온 할아버지와 할머니가 있었다. 두 분이 자기 나라의 베르그송이란 철학자를 좋아하신다고 해서 덩달아 누나와 나도 두 분과 친해졌다.

할아버지는 최첨단 우주선을 만들던 과학자였는데, 지금은 은퇴하고 할머니와 세계 여행 중이라고 하셨다. 그래서 프랑스에서 출발한 세계 일주의 마지막 여행지가 이곳 브라질 벨렘이라고 했다. 정말 멋진 분들이라고 생각했다.

배는 양쪽으로 쭉 펼쳐진 숲과 나란히 하염없이 흘러갔다. 가끔씩 물 위로 뛰어오르는 돌고래조차 없다면 아무 재미도 없는 곳이었다. 악어, 식인 고기, 아나콘다를 볼 수 있을까 싶어 난간을 잡고 물속을 들여다보았지만 흙탕물 속에서는 아무것도 발견할 수 없었다.

"아니, 사람들이 왜 이래."

누나가 툴툴거리며 갑판으로 걸어왔다.

"파이프 교체 안 하나? 물에서 녹물이 그대로 나오잖아."

"누나, 이 배의 상태를 보고 말해. 처음엔 떠 있는 게 신기하더니 잘 가고 있잖아. 그럼 됐지."

"넌 세수도 안 하니? 이 물로 세수를 어떻게 해. 시간도 안 지키고. 1박2일? 3박4일은 걸리겠다. 시설도 엉망이고. 뭐 하나 합리적인 게 없어. 그러니까 발전이 없지. 시설에 투자를 하면 돈을 더 벌 수 있다는 걸 모르나?"

"시설에 투자를 하면 그만큼 뱃삯을 올려야 할 거고, 그럼 가난한 사람들이 이용을 못 하니까 그런 게 아닐까?"

나는 늘어지게 기지개를 켰다.

"진짜 가난한 사람을 위하는 거라면 투자를 더 해야지. 그들도 좋은 시설을 이용할 권리가 있어."

바닥에 아무렇게나 자리를 잡고 앉아서 이야기를 나누는 사람들의 얼굴에서 불평을 읽을 수는 없었다. 그들의 얼굴을 보아하니 설령 그들의 물건 중 하나가 없어진다고 해도 전혀 놀라지 않을 것 같았다. 합리적인 생각? 과연 누구를 위해서? 편리함을 추구하기 위한 거라면, 차라리 그냥 바닥에 앉아서 웃고 즐기는 게 가장 편한 게 아닐까?

넓은 강만 계속 봐서 그런지 마음이 너무 여유로워진 것 같다.

나 역시 이 상황에서 더 이상 바랄 것이 없다. 하루 이틀쯤 세수 안 한다고 큰일이라도 나나?

"누나. 자로 잰 듯, 시간에 쫓기듯, 그렇게 합리적으로 사는 게 꼭 좋은 것만은 아닌 것 같아. 편리한 게 모든 걸 다 해결하지는 않잖아."

"지금 과학의 힘을 무시하는 거야? 과학이 아니면 우리가 어떻게 이 배를 타고 아마존 강을 건너겠어? 생각해 봐. 이 배만 봐도 그래. 똑똑하고 합리적으로 운영을 한다면 이 배가 이 모양 이 꼴이진 않을 거야. 모르긴 해도 이런 식으로 경영하다간 이 여행사는 조만간 문을 닫고 말 걸. 자고로 머리가 나쁘면 몸이 고생한다고 하잖아. 그 대표적인 인물이 너고."

이젠 그저 피식 웃음이 나온다.

"누나, 따지지만 말고 내 옆에 앉아서 강바람 좀 느껴 봐. 이 대자연 앞에서 그렇게 꼬치꼬치 따져야겠어? 대자연이 웃겠다. 대자연 앞에서 누나는 고작 새 발의 피야. 돌고래는 봤어? 맨 따지고 돌아다니니 볼 틈이나 있겠어? 여기 좀 앉아 봐."

난 누나 팔을 잡아끌고 내 옆에 앉혔다.

3 지성의 영화적 방법

"무슨 얘기 하니? 아빠도 같이 하자."

아빠가 언제 방에서 나왔는지 우리 가운데를 비집고 앉았다. 사람들이 햇볕을 쬐러 갑판에 모여 있는 바람에 앉을 자리가 부족해 다닥다닥 붙어 앉아야 했다.

"누나가 하도 이곳에 사는 사람들은 도무지 합리적이지 못하다고 투덜대길래, 누나도 그렇게 살지 말라고 충고 좀 해 줬어."

아빠가 나의 말에 푸허허 웃는다.

"현호 말하는 거 보니까 현호는 전혀 합리적으로 살지 않는 것 같네."

"난 전혀 합리적이지 않은데."

"현호는 합리적이지 않아. 아주아주 비합리적이지."

누나도 내 말에 비꼬려는 의도로 동의했다.

"사회생활을 하는 사람은 누구나 다 어느 정도는 합리적이야. 도구를 사용하고 언어를 사용하고 그 사회에 적응하려고 애쓰지."

"그러면 오지의 부족들이 없어지는 건 합리적이지 못해서 그런 거야?"

아마조나스 극장에서 본 다큐멘터리와 연극이 생각났다.

"그건, 다른 문제란다. 오지의 부족들이 사라지는 건 문명의 이기 때문에 사라지는 거지. 그들에게도 그들의 문화가 있고 그 안에도 그들이 말하는 합리성이 있지. 그것이 우리가 사는 것과 다르다고 없앤다는 건 옳지 못한 행동이지."

우리가 뭔가를 잘못하고 있다는 생각이 들었다. 눈앞에 펼쳐진 아마존 강의 흙빛만큼이나 마음이 답답했다. 누나는 아무 생각 없이 베르그송만 괴롭히고 있었다.

"사회 발전의 최고점은 바로 우리의 지성이야. 지성은 실용적이면서도 실천적인 인간의 능력이지. 합리적 사고는 곧 지성적 사고를 말하는 거야. 지성이란 인간으로 하여금 효과적으로 사회 생활을 이끌어갈 수 있게 해 주는 실천 능력이란다. 지성 때문에 편리할지는 모르겠지만 편리하다고 해서 그게 다 좋은 건지는 생각해 봐야 해."

"편리하면 좋지. 그게 왜 나빠?"

누나는 계속 베르그송을 괴롭히며 아무렇지도 않게 말했다.

"지성의 영화적 방법이란 이론도 있단다. 지성을 달리 말하면 수학적, 논리적 사고라고 할 수 있는데, 지성은 자신이 다루는 것은 무엇이든 부분들로 쪼개려는 특성이 있어. 마치 영화 필름이 하나하나 쪼개져 있는 것처럼 말이야. 그리고 쪼개진 부분들은 똑같은 단위로, 움직이지 않고 가만히 고정되어 있지."

"그게 뭐야. 고정되어 움직이지 않으면 죽은 거나 다름이 없네."

나는 누나에게서 베르그송을 빼내었다.

"뭐? 그럼 지성이 죽어 있는 거란 말이야?"

누나가 다시 베르그송을 빼앗아 가며 물었다.

"아마조나스 극장에서 본 다큐멘터리 생각나지? 우리가 보는 화면은 사실 연속된 컷들을 1초에 15장씩 빠르게 돌리는 거잖아. 각

각의 컷은 사실 정지된 그림들이야. 하지만 우리의 뇌는 착시현상에 의해 그것들의 정지된 장면들의 연속으로 보는 게 아니라, 움직이는 동영상을 감상한다고 생각하지."

"그렇지. 필름은 한 장 한 장 정지된 사진이니까. 맞네. 정지된 사물들이 움직인다고 착각하는 거네, 우리가."

"하지만 실제 우리 현실세계는 그렇게 영화처럼 한 컷, 한 컷 돌아가는 게 아니라 실시간으로 흘러가는 거잖아."

"응, 그렇지."

"우리가 1초, 1초 생각하는 것도 그런 거라 이거야. 실제로는 그냥 하나의 흐름인데, 마치 영화 필름 한 컷, 한 컷 나누듯이 그걸 정지된 시간이 하나씩 이어지는 걸로 생각한다 이거야. 사실은 그게 아닌데."

"흠……."

"어때?"

"일리는 있어."

누나는 아빠가 또박또박 설명하니까 뭐라고 반박할 말을 못 찾았는지 마지못해 긍정했다.

햇빛이 머리 꼭대기에 와 있었다. 갑판에 누워서 일광욕을 하던 사람들도 앉아서 햇볕을 즐기던 사람들도 모두들 그늘을 찾아 움직였다. 다행히 우리는 처음부터 2층 난간 아래 앉아 있었기 때문에 난간의 그림자 덕분으로 뜨거운 남아메리카의 태양을 피할 수 있었다. 하지만 높은 습도를 피할 길은 없었다. 더위를 피해 방으로 들어간다는 것은 더 곤혹스러웠다. 나보다 나이가 훨씬 많아 보이는 선풍기가 힘겹게 천장에서 돌아가는데, 신기하게도 소음만 있고 시원한 바람은 없었다. 일어나서 음료수를 가져오고 싶지만 일어나는 즉시 이 명당 자리를 빼앗길 것 같아 쉽게 일어날 수도 없었다. 아, 누가 물 좀 갖다 줬으면…….

그때 프랑스 할아버지의 모습이 보였다. 그리고 할아버지 손에 들린 물! 나는 양손을 반짝 들어 할아버지를 애타게 불렀다. 그런 나의 모습을 본 할아버지는 구세주 같은 모습으로 우리에게 다가왔다. 할아버지가 우리 곁에 편히 앉을 수 있도록 최대한 자리를 만들었다. 할아버지는 얼굴 가득 미소를 머금고 물병을 내밀었다. 나는 착한 아들답게 장유유서의 질서에 따라 물병을 아빠에게 먼저 건넸다. 그리고 아빠 다음에는 누나에게, 그다음 남은 물은 내가 다 마셨다.

우와, 가슴속까지 뻥 뚫리는 이 느낌! 이것이야말로 꿀맛이다!

한 방울도 남기지 않고 다 마시는 내 모습에 할아버지와 아빠가 웃었다. 물을 마시고 나니 정신이 다시 맑아졌다. 나는 이 느낌이 언제까지라도 지속될 수 있도록 되뇌이고 되뇌었다.

물을 마시고 나서 누나도 머리가 다시 돌아가는지 의문을 내놓았다.

"근데 우리의 지성적인 생각의 힘이 커질수록 생활은 편리해지잖아. 이 오지에선 느끼기 힘들겠지만, 서울만 해도 봐봐. 요즘은 모든 게 자동화되고 있어. 그건 다 지성의 힘이야. 지하철이나 버스, 상점이나 아파트 같은 것들 모두 인터넷으로 못하는 것이 없어. 기차표나 비행기 표도 모두 인터넷 주문하면 자동으로 끝이야. 뭐가 문제야?"

누나가 물었다. 진짜 누나의 말을 듣고 나니 생각도 못했던 부분까지 속속들이 지성의 혜택을 누리며 살고 있었다.

"오늘날 이렇게 문명이 발달한 것은 모두 인간의 지성 덕분이지. 옛날 조상들에 비해 우리는 정말 편리한 세상을 살고 있어. 그런데 무엇이 문제냐고?"

아빠가 누나와 나를 번갈아 보며 누나가 한 질문을 똑같이 다시 물었다.

"자, 너희들은 내가 다음처럼 물을 때 무엇이라고 답하겠니? 인간이 가지고 있는 고유한 개성은 어디에서 찾지? 돈, 권력, 명예가 인간의 가치를 대신하고 있는 요즘, 우린 인간의 가치를 어디서 찾아야 할까?"

누나와 나는 아빠의 물음에 아무런 대답도 하지 못한 채 갑판 위에서 피어 오르는 아지랑이만 바라보았다. 그때 할아버지가 말씀하셨다.

"사람들이 지성의 영화적 방법 즉 딱딱한 논리적, 수학적 방법에 의해 개성을 상실한 채 편리함만을 추구했어. 그 결과, 현대사회는 분명 최첨단 물질문명을 누리게 되었지. 그런데 이런 현대를 바라보는 내 마음은 가끔씩 허무하단다."

할아버지는 그야말로 첨단과학의 중심에서 그것을 이끌어 나가시던 분인데, 지금 와서 허무하시다고 하는 걸 보니 왠지 내 가슴이 울렁거리는 듯 울컥하는 듯 이상했다. 할아버지의 옆모습이 무척 슬퍼 보였다.

"그러나 사람은 또 직접 체험이나 직관으로 생동하는 삶을 창조할 수 있는 존재가 아니니? 한편으로 나는 인간의 그런 면을 또 믿는단다."

인간고유의
가치?

그리고 할아버지는 우리를 보고 환하게 웃었다.

"아직 난 아빠나 할아버지께서 말씀하신 직관에 대해서 확실히 모르겠어. 역시 나에게는 그런 것보다는 합리적 사고 쪽이 더 맞나 봐. 이미 발달한 문명을 퇴보시킬 수는 없잖아. 지성이 그렇게 부정적이라면 왜 많은 사람들이 과학에 매달리겠어? 아빠 얘기를 듣고 있으니 과학에 매달리는 사람들이 어리석게 느껴져. 또 할아버지는 우주선을 만드시던 최첨단 과학자셨잖아."

누나가 발끈해서 말했다.

"현희야, 과학을 나쁘다고 말하는 게 아니야. 무엇이 참다운 것인지 생각해 보자는 거지. 합리적 사고가 과연 참다운 생각일까? 철학자 제논의 역설을 한번 들려줘야겠구나."

아빠의 말에 누나는 고개를 갸우뚱했다.

4 아마존 강으로

"철학자 제논의 주장이 뭐야?"

누나가 물었다. 누나와 아빠는 열띤 토론을 하는 것처럼 보였다.

"철학자 베르그송은 지성이 생명의 참다운 흐름을 파악하지 못하고 모든 것을 정지된 틀로 만들어 버리는 것을 가리켜서 '지성의 환상'이라고 불렀단다. 제논의 역설은 대표적인 지성의 환상이지. 제논은 '날아가는 화살은 날아가지 않는다.'라고 주장했는데, 화살은 매순간 정지해 있고, 그 정지된 순간들이 점점이 이어져 있다는 거지. 그건 움직이는 것이 정지해 있다고 말하는 건데, 명백한 모순 아닐까?"

누나는 곰곰이 생각하는 표정이었고 아빠는 계속 말씀하셨다.

"또 보렴. '거북이가 아킬레스보다 1m 앞에 서 있다가 경주를 시작하면 아킬레스는 영원히 거북이를 따라잡을 수 없다.' 이건 아마 많이 들어봤을 거야."

"응, 알고 있어. 학교 선생님도 그 이야기 들려 주신 적이 있어."

"이 주장은 빠른 것이 느린 것보다 더 느리다는 역설을 범하지. 이런 것들은 움직이는 운동을 수학적, 공간적으로 파악할 경우 역설이나 모순에 빠지게 된다는 것을 보여주는 예들이야. 결국 지성은 참다운 것을 참답게 보지 못하고 환상을 만들어 낸다는 얘기야."

아버지 말이 끝나자 할아버지가 빈 물병을 좌우로 흔들며 말씀하셨다.

"얘들아, 여기에 들어 있던 물에 대해서 생각해 보자. 물은 색이 없고 냄새가 없으며 맛도 없어. 물을 잘게 쪼개면 수소 분자 두 개와 산소 분자 한 개로 이루어져 있지. 또한 물은 정해진 모양이 없기 때문에 어떤 그릇에 담느냐에 따라 모양이 달라진단다. 물에 관해 이렇게 말하는 것을 개념적 사고라고 해. 하지만 물에 대한 직접 체험은 이런 거지. 물이 너무 맛있어서 숨도 쉬지 않고 먹었어. 꿀맛이야. 순식간에 물을 먹고 났더니 물과 내가 하나가 된 것 같아. 이런 주장은 오히려 본능적 직관의 표현이라고 할 수 있어. 이런 직접 체험을 직관이라고 해. 그것도 특히 비개념적 직관이라고 부르지."

"아, 할아버지, 제가 아까 물을 마셨을 때 할아버지께서 말씀하신 것을 느꼈어요. 아하, 그러니까 제가 비개념적 직관을 경험한 거군요. 히히. 신기하다."

할아버지가 내 머리를 쓰다듬으셨다. 검은 강바람이 불었다. 황톳빛의 아마존 강은 우리를 안은 채 쉼 없이 흘렀다. 강가에 집들이 드문드문 보였다.

"카보클로 마을이란다."

할아버지가 마을을 가리켰다.

"카보클로요?"

"구리색을 가진 사람들이란 뜻이지. 강가에 사는 사람들이란 뜻도 있고."

누나와 나는 할아버지의 말이 끝나기 무섭게 벌떡 일어나 갑판

난간으로 달려갔다. 강가에 나온 아이들이 배를 보고 손을 흔들었다.

"생각해 보니까 지성과 직관의 관계가 마치 누나와 나의 관계 같잖아. 누나는 좀처럼 사물하고 공감하는 것을 거부하잖아. 베르그송, 이리 와 봐. 누나랑 대화 좀 해 봐."

"넌 또 시작이니?"

"그리고 또 생각해 봤는데 축구가 예술인 게 맞아. 공을 다루다 보면 마치 공과 하나가 된 느낌을 주거든. 공이 몸에 붙어 있는 것 같아. 그게 바로 직관이지."

베르그송이 누나의 다리에 몸을 비볐다.

"누나, 일어나 봐. 내가 아마존 강바람하고 하나가 되게 만들어 줄게."

나는 누나를 데리고 갑판 맨 앞으로 갔다. 그리고 영화 '타이타닉'에서 남녀주인공이 갑판에서 취했던 포즈를 아빠의 도움으로 재연했다. 누나는 나의 행동에 당황하더니 이내 아빠와 내가 해 주는 대로 몸을 맡겼다.

"하하하. 바람이 간지러워. 내 몸을 지나가는 바람이 뭐랄까, 뼛속까지 파고드는데? 내가 바람이 된 것 같아!"

눈을 감고 바람에 몸을 맡기는 누나를 보며 아빠와 나는 윙크를 했다.

"바람과 내가 하나가 된다는 느낌이 이런 거구나."

이제 누나도 나를 좀 이해할까. 눈을 감고 바람에 몸을 맡기는 누나를 보니 좀 친해진 기분이다. 우리는 할아버지와 할머니와 작별 인사를 하고 배에서 내렸다.

구리색을 가진 사람들의 마을에 들어서니 추장이 우리에게 공손히 인사했다.

"축하합니다. 여러분은 이곳에 세 번째로 도착하셨습니다."

추장은 우리에게 새로운 편지봉투와 비행기 표를 주었다. 우리는 추장을 안고 고맙다고 인사하고 땅바닥에 털썩 주저앉았다. 한 발짝도 움직이지 못할 것 같았다. 마치 태양과 내가 하나가 되어 녹아드는 것 같았다.

그때 마을 꼬맹이들이 물바가지를 들고 우리에게 달려와 물을 끼얹었다. 우리는 깜짝 놀라 벌떡 일어나 아이들을 보았다. 아이들은 우리들의 반응이 재밌는지 계속 물을 끼얹었다. 우리는 짐을 내려놓고 아이들을 잡으러 다녔다. 아이들은 우리를 피해 아마존 강으로 뛰어들었다. 우리는 망설일 틈도 없이 아이들을 따라 아마

존 강으로 뛰어들었다. 악어, 식인 고기, 아나콘다 같은 것들에 대한 두려움은 어느새 사라지고, 아빠, 엄마, 누나, 나는 모두 아마존 강과 하늘과 공기와 하나가 되었다.

직관과 지성

많은 사람들이 직관과 지성이라는 개념을 무심코 이야기합니다.

"저 친구는 직관력이 탁월해. 그래서 그림을 잘 그리는 건가? 아무튼 가을 단풍의 색깔이라든가 하늘과 지붕의 색깔을 표현하는 솜씨가 예사롭지 않아. 결국 저 친구는 마음의 직관력이 예리한 거야."

"이 사람아, 마음은 직관하는 능력이 아니고 이해하는 능력이야. 직관이란 감각기관의 능력으로 사물을 파악하는 능력이야. 우리들은 시각, 청각, 촉각, 미각, 후각 등 다섯 가지 감각을 가지고 있어. 그래서 오관에 의해서 사물을 직관할 수 있는 거지. 하지만 감각직관에 의해서는 사물의 모습만 그릴 수 있고 아직 '그것이 무엇이다.' 라고 확실한 개념으로 만들 수는 없어. 그러니까 이번에는 감각직관이 만든 사물의 윤곽을, 마음이 붙잡아서 개념으로 만드는 거야. 다시 말해서 대상을 감각직관에 의해서 대상의 모습으로 만든 다음에, 마음이 그것을 개념으로 만들면 대상의 개념이 완성되는 거지."

"너희들이 말하는 직관은 베그르송이 말하는 것과 전혀 다른 거야. 불교에서 '달관하다'나 '깨닫다'라는 말을 쓰는 이유를 알면 직관의 뜻을 알 수 있어. 직관이란 바로 공감이야. 연인끼리 진정으로 사랑하면 서로 하나가 되어 공감할 수 있어. 또 엄마와 거리 없이 사랑하면 하나가 될 수 있어. 이런 것이 직관이야."

위의 주장들 중 세 번째 직관이 베르그송의 입장에 해당합니다. 직관이란 바로 삶과 하나가 되는 앎입니다. 그러면 지성은 무엇일까요?

지성의 특징은 수학적, 형식적, 외부적, 합리적 사고에 있습니다. 애인을 사랑할 때 외모만 보며 애인의 키나 몸무게, 경제적 능력 등을 수학적으로만 계산한다면, 그러한 사랑은 참다운 사랑일 수 없고 단지 계산적인 인간관계에 지나지 않습니다. 애인과 한마음이 되어야 진정한 사랑이 익어갑니다.

수학적, 합리적 사고의 정체와 목표는 어떤 것일까요? 그것은 참다운 삶을 파악하는 것이 아니라 오직 실용성을 얻기 위한 것입니다. 그러므로 합리적 사고를 대변하는 자연과학의 발달은 생활의 실용성, 유용성에는 크게 기여하지만 삶에 대한 참다운 기쁨으로써의 공감이나 직관에는 그다지 도움이 되지 못합니다.

현대 물질문명은 지성의 산물로써, 인간성의 소외 현상을 가져왔습니다. 우리들은 지성에만 의지하지 말고 내면에 은폐되어 있는 직관의 힘을 되살려야만 창조적 삶을 이끌어갈 수 있습니다.

4

생명의 약진

 생명이 진화해 가는 앞쪽에는 미래의 문이 크게 열려 있다.

– 앙리 루이 베르그송

1 신들의 도시

인도의 캘커타 공항에 내리자마자 뭔가 특이한 냄새가 코를 찔렀다. 인도 커리 냄새도 아니고, 향냄새인가? 뭔지 알 수 없는 냄새에 정신이 몽롱했다. 다른 나라에선 느끼지 못한, 은근하면서도 중간중간 후추 맛처럼 톡, 톡 쏘는 매운 냄새. 이것이 인도의 냄새일까?

멀리 대회 깃발이 보였다. 대회 깃발 아래 하얀 터번과 하얀 색의 긴 치마를 입은 아저씨가 우리를 맞았다. 아저씨의 표정은 무척이나 무뚝뚝했다. 크고 짙은 눈동자 때문에 무섭기까지 했다. 아저씨는 봉투에 인도 국기 도장을 찍었다.

네 번째 나라에 오신 것을 환영합니다.
여러분은 지금부터 신들의 땅으로 들어가 인도인들이 가장 신성시하는 강으로 가십시오. 화장터에는 검은 조상이 노란 꽃목걸이를 하고 여러분을 기다리고 있습니다.

우리는 캘커타에서 기차를 타고 신들의 땅으로 향했다. 인도인들이 가장 숭배하는 강은 '갠지스 강'일 것이다. 따라서 신들의 땅은 곧 바라나시를 말하는 것이다. 이건 아빠의 생각이었고, 우린 아빠를 따랐다. 우리들이 엄마 말고 아빠의 의견을 따른 적이 이제까지 몇 번이나 될까? 아빠의 존재감이 이 여행에서 점점 커지고 있었다.

신나게 기차에 올랐다. 하지만 이상하게도 떠날 시간이 다 되었는데도 기차가 움직일 생각을 않았다. 이런 상황이 되면 누나와 엄마는 이렇게 합리적이지 못하니 발전이 없다는 둥 시계는 뒀다가 뭘 하냐는 둥, 씩씩거리며 짜증을 냈을 것이다. 그러나 지금 누나는 수첩을 꺼내 뭔가를 적는 건지 낙서인지, 하여간 뭔가를 쓰고 있었고, 그리고 엄마는? 놀랍게도 아빠의 어깨에 기대어 잠을 자고 있었다. 아아…… 항상 저렇다면 얼마나 좋을까?

한 시간쯤 서 있었을까? 드디어 기차가 출발했다.

다행히 우리가 탄 칸에는 사람이 많지 않았다. 창밖 풍경을 좀 감상하고 싶어도 천장에서 돌아가는 선풍기의 소음 때문에 집중할 수가 없었다. 천장 한 번 보고 창밖 한 번 보고……. 차라리 선풍기를 끄면 안 될까 싶을 정도로 소음은 심했다.

창밖으로 소떼가 지나가고 있었다. 소들이 느리게 걸었다. 저렇게 무더기로 이동하는 소떼는 처음 보았다. 인도는 힌두교라서 소를 숭배한다고 하던데 그래서 소들이 저렇게 여유로운 걸까? 느리게 걷는 소의 행군에 맞춰 선풍기는 돌아가고, 나는 선풍기 소음에 맞춰 까무룩 잠이 들었다.

누나가 흔드는 바람에 눈을 떴다. 드디어 바라나시였다. 우리는 기차에서 내려 오토바이로 만든 '릭샤'를 타고 바라나시 구시가지로 들어갔다.

신들의 도시라고 해서 잘 꾸며지고 깨끗하며 성스러운 분위기일 줄 알았는데 실망 그 자체였다. 구시가지 거리는 거미줄이나 다름이 없었다. 운전수는 거리의 폭이 너무 좁아 릭샤가 들어갈 수 없다며 우리를 바라나시 거리에 내려놓고 가 버렸다.

길을 헤맬 수가 없어 제일 먼저 눈에 띄는 숙소로 들어갔다. 이제 엄마는 가격을 흥정하지 않는다. 좀 심하게 바가지를 씌운다고 생각이 되면 오히려 아빠가 나선다.

하룻밤을 숙소에서 자고 아침 일찍 배를 타고 가트(목욕 및 의식을 행하는 계단) 주변의 화장터로 향했다. 태어나 화장터란 곳은 처음 가 보는 것이었다. 무서울까? 불이 활활 타오를까? 왜 화장터가 있는 곳을 신들의 도시라고 할까? 멀리 붉은 기둥에서 연기가 솟아올랐다.

"저기가 화장터예요."

배 주인 아저씨가 붉은 기둥을 가리켰다. 화장터라는 말에 가슴이 확 막혔다. 붉은 기둥은 커다란 등대와 비슷했다. 기둥 끝에서 연기가 막 피어올라 마치 붉은 기둥이 하나의 불기둥을 이루는 것 같았다. 그리고 불기둥 바로 앞으로 펼쳐진 갠지스 강.

그때 사람들이 강물에 무엇인가를 담갔다.

"아빠, 강가에 사람들이 뭘 담그고 있는 거예요?"

"저건 시체야."

"시체?"

누나가 손으로 입을 막으며 눈살을 찌푸렸다. 말 그대로 시체를 강에 담그고 있었다. 느낌이 이상했다. 양쪽 할아버지, 할머니가 다 살아 계셔서 난 죽음이 무엇인지 아직 모른다. 또한 주변에는 죽은 동물조차도 없다. 그런데 죽음이란 걸 눈앞에서 접하니 그만 숨이 멎었다. 내 가족들이 그렇게 되는 상상이 들었다. 엄마, 아빠, 누나와 영원히 만날 수 없다면, 내가 식구들과 떨어져서 과연 살 수 있을까? 아니, 난 결코 그럴 수 없을 것 같았다. 이런 생각을 하니 그 동안 부모님 말씀 안 들었던 일, 누나와 싸웠던 일들이 한 편의 영화처럼 머릿속을 훑고 지나갔다. 머릿속, 가슴속이 이내 가족에게 미안한 생각으로 가득 찼다.

아빠, 엄마, 누나의 표정도 엄숙했다. 엄마의 두 볼에 눈물이 흐르고 있었다. 엄마의 눈물은 무슨 뜻일까? 엄마가 바라보는 저 시체는 엄마와 아무 관계 없는 사람일 텐데…… 죽은 저 사람은 지금 어디서 무엇을 하고 있을까? 머릿속이 멍했다.

화장터 아래쪽 강가에서는 사람들이 옷을 벗고 강물에 몸을 씻고 있었다. 한쪽에서는 죽은 사람을 강에 띄우고 다른 한쪽에서는 산 사람이 복을 기원하며 자신의 몸을 띄우고…… 갠지스 강은 참으로 이상한 곳이었다. 죽은 사람과 산 사람이 한곳에 있었다.

"이렇게 더러운 물에 몸을 씻다니. 병균 옮을까 봐 걱정되지도 않나?"

누나가 목욕하는 사람들을 보며 말했다.

"그런 거 걱정하면 아예 물에 들어가지도 않지. 오히려 저들은 강물에 몸을 담금으로써 자신의 몸이 깨끗해졌다고 믿을 거야."

그리고 아빠가 잠시 목례를 했다.

"진화란 이런 것을 두고 말하는 게 아니겠니? 한 세대의 죽음과 다음 세대의 삶, 그것이 교차하는 가운데 있는 창조적인 변화의 흐름. 단순히 진화라고 하면 다윈이 말하는 적자생존, 자연도태, 돌연변이 등을 생각하는데 인간이 삶 속에서 겪는 진화는 단순히 생물학적인 것만을 말하지는 않는단다. 또한 스펜서가 보는 유물론적 진화의 입장도 아니야."

"다윈 말고도 다른 진화론이 또 있어요?"

누나가 물었다.

"다윈의 진화설은 맞는 것도 있지만 그렇지 않은 것도 많단다. 예를 들어 인간의 눈은 신체 중 매우 약한 부분이지. 만약 다윈의 주장대로라면 약한 부분은 도태되어야 마땅하지만 인간의 눈은 신체의 어느 부분보다 발전했단다."

"스펜서의 진화론은요?"

"모든 물질들은 끊임없이 상호 작용하면서 발전한단다. 유기체 생물들은 적응과 유전에 의해서 고차원의 형태로 진화해왔어. 정신 능력 역시 진화의 결과야. 스펜서에 의하면 사회 조직도 인간이 인위적으로 만든 것이 아니라 점진적으로 발달한 것이라고 하지. 그러나 스펜서는 물질 자체나 정신 자체는 우리가 알 수 없는 영역이라고 했지. 여기서 주목할 점은 '물질과 운동의 결합에 의해서 진화가 이루어진다.' 는 스펜서의 주장이란다. 스펜서는 결국 기계적인 유물론의 입장에 서 있는 거야. 지성적 사고에 의해서 사물과 유기체 생물을 해석하고 또 세계의 진화와 발달을 이야기한 거야. 전에도 말했듯이 지성이란 뭐니?"

"지성은 무언가를 하나의 개념으로 고정시키는 생각의 능력이잖아요. 그렇기 때문에 지성에 의존하다 보면 끊임없이 움직이는 참다운 세계를 볼 수 없게 돼요. 말하자면 참다운 지속과 새로운 창조를 파악할 수 없게 된다는 말이죠."

나는 누나의 대답에 깜짝 놀랐다. 역시 누나는 이해력이 빠르다. 난 정리가 잘 안 되던데…… 누나는 어떻게 그걸 기억했다 저렇게 또박또박 정리해서 말할 수 있는 거지? 역시 누나는 내가 넘을 수 없는 산인가 보다.

"생명의 충동은 물질에 침투하여 그것들의 진화 방향을 결정한단다. 생명의 충동이 바로 생명의 약진이며, 그것이 또한 우리의 의식의 흐름이거든. 의식의 흐름은 우리처럼 생명력을 가진 유기체들이 재생산하는 세포처럼 한 세대에서 다음 세대로 이어진단다. 따라서 사람이 죽지 않으면 진화가 이뤄질 수 없는 것이지. 엄마 아빠 세대가 가야 너희 세대가 오듯이."

불꽃이 타다닥 소리를 내며 하늘 높이 솟구쳤다. 아빠가 부드럽게 미소를 띠며 누나와 나의 머리를 쓰다듬었다.

"지금 너희가 보는 저 의식은 어떠니? 아빠는 저 의식에 참여한 사람들의 모습 속에서 참다운 지속이 보이는구나. 태어나고 죽는 건 어느 누구도 막을 수 없는 자연의 이치란다. 항상 마음에 새겨 둬야 할 것은 과연 태어나서 죽기까지 나의 모습들이 참다운 지속과 새로운 창조를 병행하고 있는지 잘 살펴야 하는 거야. 진정한 삶이란 창조적 진화에서 비롯되는 거란다. 그렇지 않으면 형식적인 삶을 살다가 죽는 것밖에 안 되지."

우리는 배에서 내려 화장터로 올랐다. 단 위에 쌓아 놓은 장작에

불을 붙였다. 어느 누구도 목을 놓아 우는 사람은 없었다.

인도 승려처럼 보이는 사람이 맨 앞에서 죽은 사람의 영혼을 달래기 위해서 염불을 외웠다. 알 수 없는 승려의 염불 소리 때문인지 활활 타오르는 장작더미 속의 시체 때문인지, 마음이 복잡하고 머리가 어지러웠다. 내가 알지 못하는 사람의 죽음도 이렇게 엄숙하고 슬픈데 내가 아는 사람의 죽음이라면 그 슬픔의 깊이는 상상도 못할 것 같았다. 주변을 둘러보니 아빠 말처럼 그저 형식적으로 이 자리에 참여한 사람은 없는 듯했다. 이들 모두가 진심된 마음으로 죽은 이의 앞길을 비는 것 같았다. 나도 짤막하게 좋은 곳으로 가시라고 빌었다.

우리는 노란 꽃목걸이를 한 검은 조상을 찾기 위해 장례식을 뒤로 하고 골목골목을 살폈다. 그러나 반나절을 돌았지만 화장터 주변에는 노란 꽃목걸이를 한 할아버지나 할머니는 없었다. 벌써 다른 팀들이 찾아서 우리가 찾을 수 없는 건가? 노을은 벌써 갠지스 강 위로 흐르고 있었다. 나는 넋을 놓고 갠지스 강 위로 흘러가는 노을을 바라보았다.

2 우리가 꼴등?

"설마 저건 아니겠지?"

누나가 가리켰다. 장례식장에서 조금 떨어진 곳에 검은 소가 앉아 장작 더미가 다 타들어 가는 것을 보고 있었다. 뼈가 앙상하게 드러난 늙고 검은 소가 노란 꽃목걸이를 한 채 앉아 있었다. 목살이 축 늘어진 목에 분명 노란 꽃목걸이가 걸려 있었다. '음메~음메~.' 소는 크고 맑은 눈망울로 우리를 보았다. 그 옆에는 하얀 수염이 한 뼘은 돼 보이는 할아버지가 있었는데, 손에는 대회 깃발이 들려 있었다.

"할아버지가 조상이란 얘기야, 소가 조상이란 얘기야?"

누나가 소와 할아버지를 번갈아 쳐다보며 우리에게 물었다.

"소가 조상이지. 우리나라에서도 꿈에 소가 나타나면 조상이 나타난 거라고 했는데. 여기서도 그런 뜻이 있었나? 소가 신성시되는 건 알았지만 여기서도 우리나라에서처럼 소가 조상을 뜻하는지 몰랐는데."

우리는 소와 할아버지 앞으로 다가갔다. 할아버지는 우리에게 두 손을 가슴에 모으고 공손히 인사를 했다. 우리를 바라보는 할아버지의 깊고 검은 눈동자가 우리의 내면까지 들여다보는 것 같았다. 할아버지는 아빠, 엄마, 누나, 그리고 나를 한동안 말없이 바라본 후 우리에게 비행기 표와 봉투를 주었다.

"축하합니다. 여러분은 이곳에 세 번째로 오셨습니다."

"세 번째?"

"세 번째라니? 그럼 우리가 꼴등을 했다는 말이야? 말도 안 돼."

비행기 표를 보니 '인천'이라고 찍혀 있었다. 우리가 꼴등을 하다니……. 누나와 나는 세 번째란 사실이 믿기질 않아 비행기 표를 보고 또 보았다. 꼭 일등을 해서 가족의 위기를 막겠다는 나의 희망이 장작더미 위의 불꽃처럼 뿔뿔이 흩어졌다. 엄마가 많이 실망했을 거란 생각이 들어 미안한 마음으로 쳐다보았다. 그런데 예상과 달리 엄마의 표정은 오히려 평온했다.

"아, 이제 여유를 부리며 여기저기를 둘러볼 수 있을 것 같은데? 그리고 집에 가면 푹 쉴 수 있어 더없이 좋다. 찜질방 가서 몸을 지지고 싶네. 어때, 다들?"

엄마가 기지개를 켜며 환한 표정으로 우리를 보았다. 엄마랑 찜질방을 가다니, 처음 있는 일이었다. 우리는 엄마를 보고 크게 고개를 끄덕였다.

"우리에게 일등이나 꼴등은 아무 의미가 없어. 안 그래? 그 동안 즐거운 여행을 했잖아?"

아빠가 우리를 보고 씩 웃었다. 엄마도 똑같이 웃으며 아빠의 손을 잡았다. 장례식을 보고 나더니 엄마가 이상해진 것 같았다. 여행이 너무 힘들었나?

가볍게 발걸음을 숙소로 옮겼다. 별이 뜰 시간에 화장터에서는 종교 행사가 열린다. 우리는 숙소 옥상으로 올라가 화장터의 행사를 지켜보았다. 우리 말고도 다른 나라 사람들이 이미 옥상에 올라와 갠지스 강을 내려다보고 있었다. 가트에 모인 사람들이 꽃

모양의 초를 강에 띄워 보내고 있었다. 갠지스 강 위로 수많은 꽃초가 흘러갔다. 마치 내가 꽃초가 되어 강 위로 흐르는 듯 마음이 울렁거렸다. 정말 아름다웠다.

"강에 영혼의 별들이 떠가는 것 같아요. 이제 저들의 영혼은 육체의 틀을 벗어나 아주 자유롭겠어요. 저들은 자유롭게 살다가 갔을까요?"

엄마가 말했다. 우리 옆에는 인도풍의 옷을 입고 있는 아줌마가 서 있었는데 자세히 보니 인도 사람이 아니었다. 영국에서 왔다는 아줌마는 그윽한 눈으로 종교행사를 보면서 간간이 손을 모아 기도를 했다.

"나를 한 인간으로서 나답게 하는 것은 무엇일까요? 부모로서의 나, 자식으로서의 나, 직장인으로서의 나, 학생으로서의 나. 수많은 '나' 중에 어떤 나의 행동이 가장 자유로울까요?"

아줌마가 기도 중에 혼잣말을 했는데 누구를 향해 말하는 것인지 알 수가 없었다. 나는 내친김에 그 질문에 대해 생각해 보았다. 가만히 누워서 상상할 때, 베르그송과 대화할 때, 난 그럴 때 가장 큰 자유를 느꼈다.

"아마 인격체로 활동할 때 가장 자유로울 거예요. 그때는 한 사

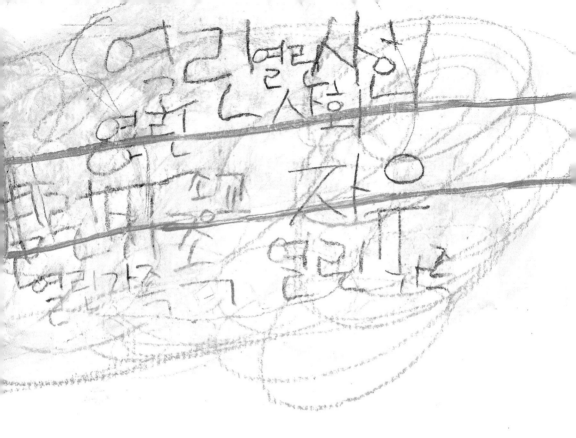

람으로서 자발성을 가지고 움직이기 때문이지요."

아줌마는 혼자 묻고 혼자 대답했다.

"그게 무슨 뜻이에요?"

나는 얼떨결에 아줌마의 혼잣말에 질문을 하고 말았다. 아줌마가 눈을 뜨더니 나를 보며 빙그레 웃었다. 아줌마의 파란 눈동자가 지중해처럼 맑았다. 눈동자 속으로 빠져들 것 같았다.

"이 세상을 직접 체험하고, 시간의 흐름을 온몸으로 받아들일 수 있는 사람만이 자유롭다는 뜻이란다."

'자유'란 것이 쉬운 것인 줄 알았는데 아줌마의 말을 듣고 나니 굉장히 어렵게 느껴졌다.

"커다란 주전자에 물을 끓이고 있다고 생각해 보렴."

"네."

"물이 끓기 시작하면 얌전하던 뚜껑이 마구 들썩거리면서 주둥이로 힘차게 수증기가 뿜어져 나오지."

"네, 맞아요."

"그 폭발적인 수증기 같은 것이 바로 자유란다. 물이 변해서 수증기가 되듯이 자유는 변화할 수 있는 계기를 마련하지. 사회가 앞으로 나가고자 하는 변화를 진화라고 볼 때, 그 진화의 바탕은 바로 인간의 자유에서 비롯되는 거야. 인간의 가장 순수한 정신 말이지."

"뭐든지 애초에 품고 있던 가장 순수한 마음이 중요하지."

아빠가 한마디 덧붙이셨다. 아줌마는 빙긋 웃으며 말씀하셨다.

"전 이곳에 온 지 한 달 정도 됐어요. 영국에 있을 때는 신을 믿지 않았지요. 불과 얼마 전까지도 말이에요. 하지만 돌아갈 때쯤 되면 아마 종교인이 돼 있을 것 같아요. 이전의 난 종교를 너무 억

압적이고 닫혀 있는 것으로 생각했던 것 같아요. 어떤 고정돼 있고 딱딱한 것이 날 짓누를 것처럼, 그렇게 종교란 것을 겁내고 있었나 봐요."

수많은 꽃초 때문에 갠지스 강가에 지다 만 노을이 살짝 걸쳐 있는 듯했다.

"갠지스 강 일대는 아침, 저녁으로 수많은 신들을 경배하는 의식으로 언제나 시끄럽고 정신이 없어요. 저도 며칠 동안은 옥상에서 의식만 지켜보다가 얼마 전부터는 의식에 함께 참여하고 있어요. 갠지스 강은 참 신비로워요. 사람들로 하여금 종교인이 되게 하거든요. 이렇게 변하는 저를 보면서 종교의 본질이 무엇일까 생각해요. 종교는 인간을 위해서 존재해야 하지요. 종교의 틀 속에 인간을 옭아매는 것은 잘못된 거예요. 저의 고민은 단지 그거예요. 인도에 있는 이 많은 신들 중 나의 신은 어느 것일까."

그러면서 아주머니는 미소를 지었다.

"어떤 종교를 선택하든 종교란 삶을 바라보는 자세를 다시 생각하게 하니 그것만으로도 의미가 있는 게 아닐까요?"

뜻밖에도 엄마가 이렇게 대답을 했다. 갠지스 강은 사람들을 종교인으로 만든다는 아줌마의 말이 아무래도 맞는 것 같다.

3 열린 것과 닫힌 것

"맞아요. 종교는 삶을 다시 생각하게 해요. 다만 삶을 다시 생각하게 하는 종교의 정신이 형식에 묻힐 때가 있어서 안타까워요. 종교는 분명 사람을 위해 존재하는 거잖아요. 사람에게 필요한 종교만이 진정한 종교가 아니겠어요?"

"그게 어떤 종교인데요? 기독교? 불교?"

내가 묻자 아빠가 대답 대신 다른 생각거리를 던져 주셨다.

"세계 각국에서 일어나는 종교 갈등 때문에 무고한 사람이 희생

되는 경우가 많지. 인도 역시 세계 각국의 사람들이 갠지스 강으로 순례를 오지만 마찬가지로 이슬람교와 힌두교의 싸움이 끊이질 않고 있단다. 종교 싸움 때문에 얼마나 많은 사람이 죽었니? 종교가 추구하는 바는 결국 하나로 통하는 것인데, 형식의 차이로 갈등이 생겨 골이 깊어지고 있으니 큰일이야."

"맞아요. 자신의 형식만 주장하는 종교는 진정한 종교라고 할 수 없어요. 그건 닫힌 종교고, 죽은 종교일 뿐이에요. 진정한 종교는 살아 움직이는, 열린 종교가 아니겠어요?"

엄마가 고개를 끄덕였다.

"우리가 사는 사회는 진화를 한단다. 사회가 발전하는 것을 보면 알겠지? 또한 사회적 진화는 인간의 창조력에 힘입어 생기지. 따라서 사회가 진화하면 종교 역시 자연히 진화할 수밖에 없어. 생각해 보면 종교적 신이야말로 창조자이면서 동시에 진화의 원동력이 아니겠니?"

"근데 말이지, 사회가 진화해야 한다는 건 알겠는데 모든 종교가 다 열린 종교가 되면 좀 문제가 생기지 않을까?"

누나가 골몰한 표정으로 물음에 덧붙여 말했다.

"그렇지 않아. 모든 종교는 그 나름의 고유한 형식이 있는데 열린 종교가 되면 종교가 서로 섞이는 거 아니야? 종교 통일을 말하는 건가?"

"현희가 그렇게 생각할 수도 있겠구나. '열린 종교'라는 말은 종교 통일을 말하는 게 아니야. 서로의 종교를 인정했으니 형식도 주고받읍시다, 라는 말이 아니야. 열렸다, 닫혔다, 라는 말은 하나의 종교 내에서 이루어지는 진화를 두고 하는 말이야. 기존의 종교들은 항상 똑같은 교리를 충실히 따르면서 지성에 의해서 해석되고 유지되기 때문에 멈춰 있는 정적 종교라고 할 수 있어. 그런데 종교의 역사를 보면 르네상스 시대의 종교개혁과 같은 열린 종교를 추구하는 운동이 수시로 일어나지 않니? 기존의 종교 안에는 언제나 자유와 자발성을 지닌 창조적이며 신비적인 정신이 꿈틀거린단다. 바로 그런 종교를 역동적 종교라고 불러."

"아하, 그렇구나~."

누나와 나는 유행어처럼 크게 고개를 끄덕였다.

"그런데 한 가지 명심할 것이 있어. 닫힌 사회와 열린 사회, 그리고 멈추어 있는 종교와 역동적 종교에 있어서 우리는 따로따로 떨어져 있는 두 사회와 두 종교를 생각하기 쉽단다. 그러나 그건 어디까지나 하나의 사회이고 하나의 종교야."

"하나의 사회가 닫혀 있기도 하고 열려 있기도 하단 말이야? 종교도 그렇고?"

내가 되묻자 엄마가 계속 대답해 주셨다.

"사회나 종교 뿐만이 아니라 학교, 가정, 그 밖에 어디서든 과거의 전통과 습관이 현재의 생활에 모두 다 맞을 수는 없어. 따라서 현 생활에 맞지도 않는 관습을 예전부터 내려왔다는 이유만으로 꼭 끌어안고 있을 필요는 없지. 현 생활에 맞게 고칠 수 있어야 해. 그러려면 마음이 열려 있어야 하지. 현호야, 마음이 열린 사람이랑 닫힌 사람 중에 누구랑 더 빨리 친해질 수 있겠어?"

"열린 사람."

"왜?"

"마음이 닫혔다면 자기 생각만 고집하고 있을 테니, 내가 무슨 말을 해도 먹히지 않을 거 아니야. '예전의 엄마'와 비슷하다고나 할까?"

내가 말하면서 살짝 엄마 눈치를 살피자 엄마가 강을 내려다보면서 살짝 고개를 끄덕였다. 나는 조심조심 눈치를 보면서도 계속 말했다.

"만약 예전의 엄마였다면 내가 이렇게 말할 때 '쓸데없는 소리

하지 말고 들어가서 공부나 해.'라고 했을 거야. 엄마 마음은 자식들은 언제나 공부를 잘해야 한다는 생각 외에 다른 생각은 들어갈 수 없으니까. 나의 상상력도 받아들이지 못하고 누나가 연예인을 좋아하는 것도 이해하지 못하지."

순간 누나가 흠칫 놀라며 내 팔을 잡아당겼다.

"그래서 마음이 닫혀 있는 엄마 앞에서는 엄마가 싫어하는 것을 숨길 수밖에 없어. 무엇인가 하고 싶으면 엄마가 보지 않는 곳에서 하게 되고, 결국 엄마한테 점점 비밀이 생길 수밖에 없고……. 서로를 이해하지 못하니까 무슨 말을 해도 오해가 생겨 서로를 대할 때 형식적일 수밖에 없어. 그렇게 닫힌 사람과는 아무 말도, 아무 발전도 함께 이끌어낼 수 없는 거겠지."

베르그송이 내 다리 아래서 장난을 친다. 더 이상 말을 하지 말라는 건가.

"가족이라고 안 그러겠어? 서로의 교류가 없으니 가족이란 틀만 유지할 뿐 행복한 가족은 되지 않을 거야. 예전의 나는 내 옆에 분명 엄마, 아빠, 누나가 있지만 나 혼자 있다는 느낌이 들었어. 물론 이런 가족이라도 나름대로 발전해 나가기 위해 애를 쓰긴 해. 문제는 그 가족의 발전이란 것이 서로의 대화를 통해서 문제점을 고쳐 나가는 것이 아니라, 가족의 발전이란 이름 아래 어느 한 사람의 고집을 밀고 나가는 거지. 이런 가족은 결국 사회에 아무런 도움도 주지 못할 거야. 닫힌 가족이 많은 사회는 닫힌 사회가 될 수밖에 없겠지."

나도 모르게 속사포처럼 쌓여있던 말이 나온다. 하지만 지금이 아니면 이런 얘기를 언제 하랴 싶어 난 침을 꿀꺽 삼키면서도 멈추지 않는다. 내 이야기를 듣는 가족들의 분위기가 무겁다.

"하지만 마음이 열려 있는 엄마 앞이라면 엄마한테 비밀을 가지기는커녕 무엇이든지 함께 하려고 하겠지. 왜냐하면 내가 하고자 하는 것들을 모두 허락하지는 못하더라도, 내가 왜 그런 마음인지는 이해해 줄 테니까. 서로가 서로한테 마음이 열려 있으니 문제가 생기더라도 대화로 충분히 풀 수 있지. 열린 가족이 많을수록 열린 사회가 되는 건 당연해."

심장이 마구 뛰었다. 너무 거침없이 말했나? 주위에서 소리가 하나도 들리지 않았다. 엄마도 말없이 조용했다. 이런 경우 반응은 두 가지다. 갑자기 화를 내며 날 꾸중하거나, 아니면 계속 침묵으로 일관하거나. 아무래도 후자인 것 같았다. 엄마뿐 아니라 아빠도 누나도 말이 없었다.

"현호는 생각이 많고 참 속이 깊은 아이구나."

침묵을 깬 건 아줌마였다.

"그래. 현호 말이 다 맞다. 엄마는 닫힌 엄마야. 지금까지 내 생각대로 우리 가족을 이끌어 왔어. 왜냐하면 그게 옳다고 생각했기 때문이지. 하지만 그 옳다는 건 나만의 생각이었다는 걸 이제야 알겠구나. 아빠가 진짜 뭘 좋아하는지, 현희, 현호가 뭘 좋아하는지 알면서도, 각자 하고 싶은 대로 하게 내버려두면 가정이 엉망이 된다고 생각했어. 대화해 볼 생각도 않고. 난 우리 가족의 변화가 두려웠어. 아빠가 회사를 그만두고 철학공부를 다시 한다고 하면 어쩌지, 현희가 특수목적고에 안 들어가겠다고 버티면 어쩌지, 현호가 일반 중학교에 안 가고 검정고시를 치거나 대안학교를 가겠다고 하면 어쩌지…… 엄만 늘 이 생각 때문에 식구들을 다그쳤던 것 같아. 이게 다 너희를 위하고 가족을 위하는 거라고 생각하면서."

4 열린 가족을 위하여

엄마가 아빠, 누나, 나를 둘러보았다. 엄마 눈에 눈물이 고였다. 누나도 훌쩍거리기 시작했다. 나 역시 코끝이 찡했다. 누나가 우는 바람에 내 눈에서도 눈물이 났다. 아빠는 뒷머릴 긁적이며 음료수를 가지러 간다고 내려갔다. 아빠가 다섯 명의 음료수를 가져올 때까지 우리가 미처 눈물을 다 거두지 못하고 있으려니까, 돌아온 아빠가 멋쩍은 듯 농담을 던졌다.

"에이, 어색한 분위기가 다 끝나 있을 줄 알았더니 아직도야?"

"하하하!"

"치사하게 아빠만 쏙 빠져 놓곤!"

"아빠는 목이 말랐어."

그제서 훌쩍이던 분위기가 걷히고 다들 깔깔대며 음료수를 하나씩 받아들었다. 영국 아줌마도 아빠에게 음료수를 건네받으며 환하게 웃었다.

"내가 볼 때 이 가족은 열린 가족 같은데요."

아줌마가 우리 가족 한 사람, 한 사람 주시하며 명심하라는 듯한 표정으로 말씀하셨다.

"열린 사회라는 건 다른 게 아니에요. 생명의 약진이 활발히 이루어지는, 생동감 넘치는 사회를 말하는 거죠. 자발성과 자유로움으로 꿈틀대는 생명체 같은 세계, 그게 바로 열린 세계예요. 우리 열린 가족에게 건배!"

아줌마가 우리에게 건배를 청했다. 우리는 아줌마를 따라 음료수를 높이 들었다. 열린 가족을 위해 건배! 음료수가 온몸으로 퍼졌다. 강바람이 차가웠지만 아빠, 엄마, 누나의 손을 잡고 있으니 전혀 춥지 않았다. 나는 우리 가족들을 둘러보며 마냥 웃었다.

"참, 아까 인도 할아버지가 준 편지 봐도 되지 않을까?"

가방에서 편지를 꺼냈다. 우리는 편지 내용을 궁금해 하며 앞으로 바싹 모였다. 어, 이건?

"안 돼!"

나는 편지를 냅다 움켜쥐며 감쌌다. 누나가 그게 뭐냐며 기어이 편지를 빼앗았다.

"뭐야? 뭐! 내가 잘난 척만 한다고? 내가 널 언제 무시했어? 엄마, 아빠 욕도 있네. 네가 이러고도 우리 가족이야? 엄마, 이것 좀 봐. 이걸 그냥."

그랬다. 그 마지막 편지는 내가 처음 대회에 참가하려고 보냈던, 우리 가족의 온갖 비리를 폭로한 신청서였다. 아빠, 엄마, 누나가 이제 편지를 다 읽었으니 나는 이제 살아남지 못할 거다!

난 가족의 눈치를 살폈다.

"하지만 뭐, 과거에는 우리 가족이 이 편지 내용 대로였을지 모르지만 지금은 아니잖아?"

그리고 누나는 얼굴 가득 미소를 띠우며 우리를 둘러보았다. 우리 모두는 크게 고개를 끄덕였다. 그때 아줌마가 빙그레 웃으면서 라이터를 내밀었다.

새해 밤의 길목에서 많은 사람들이 갠지스 강가에 모여 죽은 이들의 영혼을 위해 의식을 치렀다. 우리는 갠지스 강 위로 흘러가는 영혼의 별을 보며 우리 가족을 위한 의식을 치렀다. 아빠는 편지에 불을 붙여 바라나시 하늘 높이 편지를 날려 보냈다. 불이 붙은 편지는 너울너울 날다 허공 속으로 사라졌다.

생명의 직관

물질만능주의가 인간을 지배하면서 현대사회에는 인간성 소외, 인간성 상실 등의 문제가 생겼습니다. 인간, 자연, 세계의 생동하는 내면을 오랜 기간 망각하고, 오로지 '잘 먹고 잘 살자.'는 욕망에 따라서 실용성과 유용성만 추구한 결과, 우리는 형식적인 과학만능주의 시대를 만들고 말았습니다.

이념 논쟁이 사라졌다고 말은 하지만 여전히 민족주의와 지역주의 이데올로기가 인간 사회를 지배하고 있습니다. 이데올로기란 지배 계층의 집단적 사고방식을 말합니다. 예컨대 나치즘, 공산주의, 자본주의 등이 모두 이데올로기에 해당합니다. 칼 포퍼는 『열린 사회와 그 적들』이라는 책에서 형식적, 수학적 사고의 산물인 이데올로기가 지배함으로써 발전하지 못하고 폐쇄된 사회를 가리켜서 '닫힌 사회'라고 불렀습니다. 그러나 그는 시행착오를 통해서 인간이 자발적으로 자유를 실행할 수 있는 사회를 가리켜서 '열린 사회'라고 불렀습니다. 즉 사회는 두 측면을 가지고 있는데 하나는 이데올로기에 의해서 억압된 폐쇄 사회이고 다른 하나는 자유에 의해 발전하는 개방 사회입니다.

베르그송은 칼 포퍼의 선구자로서 닫힌 사회와 열린 사회, 그리고 정적 종교와 동적 종교를 구분합니다. 사회에 대한 베르그송의 생각을 정리하면 다음과 같습니다.

"기존의 사회는 닫힌 사회이다. 닫힌 사회에서 인간은 관습적으로 합리적 사고에 따라서 행동한다. 닫힌 사회에서 지성은 영화적 방법으로 삶을 이해한다. '지성의 영화적 방법'이란 필름 한 컷, 한 컷이 공간적으로 떨어져 있는데도 불구하고 필름의 여러 컷들을 빨리 움직이게 하여, 마치 그것들이 끊임없이 이어지는 것처럼 생각하는 것을 말한다. 이것이 지성 작업의 결과이다. 지성에 의한 영화적 방법을 극복하고 직관에 의한 공감을 통해 삶의 약진과 하나가 된다면, 우리는 스스로 자유를 누리며 열린 사회를 창조할 수 있다."

정적 종교와 동적 종교에 관해서도 베르그송은 사회에 관한 주장과 비슷한 입장을 전개합니다.

"현재 있는 기존의 종교는 습관적으로 정지되어 있는 정적 종교다. 정적 종교는 이제 지성화된 것이므로 우리는 그것을 생동감 넘치는 동적 종교로 만들어야 한다."

말하자면 기독교라는 하나의 종교에 있어서도 습관적으로 굳어진 것은 정적 종교이며, 생동하면서 직관적 공감에 의해서 발전하는 기독교는 동적 종교입니다. 베르그송의 삶의 철학은 직관적 공감 체험에 의해서 역동적 삶을 붙잡기 위한 진화론 철학입니다.

에필로그

거실에 가족을 집합시킨 엄마의 표정은 단호했다.

"엄마, 왜 그래? 신중하게 생각한 거야?"

누나가 조심스럽게 물었다.

"아빠의 철학적 방황이 끝나니까 이번에는 엄마야? 방황 같은 건 누나나 내가 해야 하는 거 아닌가?"

엄마는 방에서 끙끙거리며 등산 장비를 힘들게 끌고 나왔다.

"나의 결심은 변함이 없어. 한 살이라도 더 먹기 전에 꼭 에베레스트에 가야겠어."

예전의 우리 가족이라면 이쯤에서 모두 엄마를 외면했을 거다. 그러나 우리는 예전의 우리가 아니었다. 하고자 하는 것을 막는다고 가족이 발전하는 것은 아니다. 진정한 가족의 발전은 현재에 안주한다고 생기는 것이 아니다. 우리가 배운 것은 열린 마음으로 가족 구성원의 이야기를 귀담아 들을 때 비로소 가족이 진화한다는 것이다.

"이번 여행을 통해서 알았는데, 난 확실히 여행가 체질이라는 거지."

그리고 엄마는 불끈 주먹을 쥐었다. 여행가 체질? 아닌 것 같은데……. 눈을 감고 아무 말도 없던 아빠가 천천히 입을 열었다.

"난 찬성이다."

"여보, 고마워요."

엄마가 아빠의 손을 꼭 잡았다.

"당신이라면 나의 마음을 알아줄 줄 알았어요."

"단!"

우리는 아빠를 응시했다.

"우리 가족 모두 가는 거다!"

여보! 아빠? 아빠!

"원치 않는 사람은 빠져도 좋아. 개인마다 다 자유가 있으니까. 물론 지금 당장 에베레스트에 오를 수는 없지. 훈련이 필요할 거야. 많이 힘들 거고. 하지만 준비하는 과정 속에서 그만한 가치를 얻지 않겠어? 실패를 할 수도 있고, 아예 못 오를 수도 있어. 하지만 생각한 것을 실행에 옮기는 것만큼 신나는 일도 없지. 지금부터 열심히 훈련을 한다면 여름 방학 때는 에베레스트에 오를 수 있을 거야."

아빠는 엄마의 어깨를 꼭 잡은 채 윙크를 했다. 누나와 나는 엄마의 눈에서 아빠에게 보내는 하트가 마구 발사되는 것을 보았다. 대화하기도 어려웠던 우리 집이 이렇게 변하다니. 나는 햇볕을 쬐며 거실에 누워 있는 베르그송을 흘긋 보았다.

"베르그송, 너도 한가족이니 이번 등반에도 함께 참여하는 거다."

베르그송이 머리를 살짝 들고 내게 말했다.

"나, 높은 산에 올라가면 어지럼증이 있어서 그렇게 높은 산은 못 오른다, 야옹."

"그래도 같이 가자."

난 베르그송을 번쩍 들어 올리며 졸랐다.

"아빠, 말씀 들었지? 야옹. 개인의 자유를 중시해라, 야옹."

베르그송은 자리에서 일어나 내 방으로 들어가더니 침대로 폴짝 뛰어 올라 기지개를 켰다. 그리고 베개에 머리를 대고 누워버렸다.

이제는 어느 누구도 나에게 미친 놈이라고 하지 않는다. 이제는 누구도 나와 베르그송 사이를 의심하지 않는다. 베르그송에 의하면 내가 없을 때 엄마나 누나도 가끔씩 베르그송과의 대화를 시도한다고. 히히히. 나는 이제 베르그송의 통역관이다. 나한테 이런 재주가 있을 줄이야. 나는 나의 재능을 앞으로도 계속 키워 나갈 생각이다. 더 이상 가족에게 감출 것이 없으니 내 장래에 대해 의논하기도 훨씬 쉽다. 나뿐만이 아니라 엄마, 아빠, 누나 모두 서로에게 솔직하다. 이게 진짜 내가 바라는 가족이다.

참, 이번 대회 1등은 영근이 형 가족이었다. 아직도 형 가족이 뭐가 문제여서 뽑혔는지 아무도 모른다. 다들 너무 완벽한 것이 문제가 아닌가 하는 추측만 할 뿐이었다.

민수는 여행 이후 체중이 20킬로그램이 줄고, 가족 전체도 평균적으로 10킬로그램 이상 줄었다고 한다. 그래도 네 명의 몸무게를 합치면 320 킬로그램이 된다며 계속적으로 채식 다이어트를 할 거라고 한다.

말을 않고 사람을 피했던 하나 누나에게는 꿈이 생겼는데 아나운서란다. 수다쟁이 진아? 여전히 수다스럽다. 변한 것이 있다면 지금은 남의 말도 들어 가면서 자기 말을 한다는 거다.

그리고 빼놓을 수 없는 나의 사랑스런 쌍둥이 동생들, 유진이와 유나. 외모에만 신경 쓰기보다는 더 가치 있는 일에 신경을 쓰겠단다. 대회에 참여했던 모든 사람들이 나에게는 소중하다.

무엇보다 이 여행의 가장 큰 선물은 우리 가족을 다시 찾았다는 것이다. 앞으로도 살아가는데 여러 가지 일들이 생기겠지만 이제는 하나도

걱정되지 않는다. 나에게는 변화를 두려워하지 않는 아빠, 엄마, 누나,
그리고 베르그송이 있으니까.

통합형 논술
활용노트

01 다음 제시문을 읽고 물음에 답하세요.

(가)

"우리가 시간을 알 수 있는 방법이 뭐지?"

누나가 너무나도 당연한 것을 물었다.

"시계잖아."

"우리가 시간을 알 수 있는 방법은 그것밖에 없나?"

"그럼 누나는 시계 말고 뭘로 시간을 알아?"

시계를 보았다. 벌써 오후 6시 45분이었다. 우리들의 현재 시간이란 시를 말하는 건가? 도대체 뭐야? 무슨 문제가 이래. 야옹~ 베르그송이 나를 보았다.

"사람들은 이상해, 야옹. 어떻게 아무 표시도 없는 시간을 나누지? 야옹. 시간을 나누지 않으면 시간 속에 갇히지 않고 자유롭게 살 수 있을 텐데, 야옹."

— 〈베르그송이 들려주는 삶 이야기〉(자음과모음) 중

(나)

칸트는 시간을 철저히 지키기로 유명했다고 합니다. 그는 매일 오후 3시에 집 근처의 공원을 산책했다고 합니다. 어찌나 시간을 잘 지켰던지,

하루는 공원 근처에 사는 이웃집에서 시계가 고장나 곤란을 겪고 있는데, 그때 창밖으로 칸트가 산책하는 광경을 보고서 시간을 맞추었다고 합니다. 하지만 그런 칸트도 깜빡 잊고 산책을 하지 않은 날이 있는데, 루소의 '에밀'이란 책을 보다가 그 내용에 너무 깊이 빠져들어서였다고 합니다.

(다)

– 네이버 '세계시간' 다이렉트 검색

1. (가)에서 고양이 '베르그송'이 말하는 '시간 속에 갇히지 않고 자유롭게 산다.'는 게 무엇인지 (나)의 내용과 관련하여 말해 보세요.

2. 고양이 '베르그송'의 시간관은 철학자 베르그송이 말하는 '순수지속'과 밀접한 관련이 있습니다. (다)에 있는 여러 지역의 시계를 보며 과연 시간이란 무엇일지 생각해 보고 자신의 의견을 말해 보세요.

02 다음 제시문을 읽고 물음에 답하세요.

(가)

"너희들이 말하는 직관은 베그르송이 말하는 것과 전혀 다른 거야. 불교에서 '달관하다.'나 '깨닫다.'라는 말을 쓰는 이유를 알면 직관의 뜻을 알 수 있어. 직관이란 바로 공감이야. 연인끼리 진정으로 사랑하면 서로 하나가 되어 공감할 수 있어. 또 엄마와 거리 없이 사랑하면 하나가 될 수 있어. 이런 것이 직관이야."

(중략)

수학적, 합리적 사고의 정체와 목표는 어떤 것일까요? 그것은 참다운 삶을 파악하는 것이 아니라 오직 실용성을 얻기 위한 것입니다. 그러므로 합리적 사고를 대변하는 자연과학의 발달은 생활의 실용성, 유용성에는 크게 기여하지만 삶에 대한 참다운 기쁨으로써의 공감이나 직관에는 전혀 도움이 되지 못합니다.

현대 물질문명은 지성의 산물로서, 인간성의 소외 현상을 가져왔습니다. 우리들은 지성에만 의지하지 말고 내면에 은폐되어 있는 직관의 힘을 되살려야만 창조적 삶을 이끌어갈 수 있습니다.

— 〈베르그송이 들려주는 삶 이야기〉(자음과모음) 중

(나)

인간은 자연에 대해서는 물론이고 자신에 대해 보다 객관적으로 알기 위해서 스스로를 대상의 위치에 놓았다. 그 결과, 자연은 인간을 위해 봉사하기 위한, 다시 말하면 인간의 존엄성을 고양시키기 위한 재료의 차원으로 떨어지고 말았다. 보다 많은 자유를 보장받아서 인간의 존엄성을 유지한다는 명분 아래 자연을 탈생명화하여 활용 가능한 대상으로 만든 것이다. 자연과 인간이 철저하게 객관화된 결과, 과학 기술이 현저하게 발달하였고, 한동안 세계를 장악하는 인간의 능력은 계속될 것이라고 낙관하기도 하였다. 그런데 오히려 이제는 과학 기술이 인간을 밀어내고 주인이 되어, 객체가 되어 버린 인간 위에 군림하게 된 것이다. 이것이 이른바 '인간의 자기 소외'라는 현상이며, 그로 인해 인간은 자아 상실과 자아 분열로 고통당하고 있다.

— 고등학교 〈철학〉(대한교과서) 중

1. (가)를 보면 베르그송이 말한 직관과 우리가 흔히 알고 있는 직관이 다르다는 것을 알 수 있습니다. 그 차이를 비교, 설명해 보세요.

2. 제시문(가)와 (나)를 읽고 인간소외 현상에 대한 여러분의 생각을 자유롭게 말해 보세요.

03 다음 제시문은 베르그송이 쓴 〈도덕과 종교의 두 원천〉에서 따온 글입니다. 개인과 사회의 관계에 초점을 맞추어 250자 내외로 요약해 보세요.

우리들 각자는 자기 자신에게 속하면서, 사회에도 속한다. 각자의 의식은 마음의 심층으로 내려감에 따라 점점 더 원래의 자기 자신이 되어 다른 사람들의 인격과 비교할 수도 없고 말로도 표현할 수 없는 본래의 인격을 드러낸다. 그리고 우리들 자신의 표층에서는 다른 사람들과 서로 연결되어 있다. 우리들은 다른 사람들과 유사하며 그들과 우리들 사이에 상호 의존 관계를 형성하는 행위의 원칙들에 의해 서로 연결되어 있다. 그런데 우리 자아가 우리 자신의 사회화된 부분 안에 자리 잡는 것만이 확고한 어떤 것에 매달리는 유일한 방법인가? 만약에 우리가 충동과 변덕스러움 그리고 후회의 삶에서 달리 빠져 나올 수가 없다면, 그렇다면 그것만이 유일한 방법일 것이다. 그러나 우리가 가장 깊은 자아 속에서 그 방법을 찾을 수 있다면, 아마도 우리는 표층에서의 안정보다 한층 더 바람직한 다른 종류의 안정을 얻을 지도 모른다. 물 위에 떠 있는 수생 식물들은 끊임없이 물결에 흔들린다. 그런데도 그 잎들은 수면 위에서 서로 결합하고 얽힘으로써 서로에게 안정을 준다. 반면에 땅속에 든든하게 뿌리내려 이들을 지탱하고 있는 뿌리들은 더욱 안정되어 있다. 그렇지만 자신의 마음의 심층에까지 파고들어가는 것이 매우 어려운 일이므

로 이는 소수의 예외자만이 할 수 있는 일이다. 그러므로 우리의 자아가 매달리는 곳은 일반적으로 표층 즉 사회화된 인격체들로 구성된 조직 안에 들어가는 지점이다. 그 지점의 견고성은 상호 연대성의 정도에 달려 있다. 그리고 자아가 매달리는 지점에 우리의 사회화된 자아가 있다. 인간들 사이를 연결하는 끈으로 비유되는 의무는 우리들 각자를 사회화된 우리 자신에 연결시키고 있다. (중략)

이론적으로 볼 때 우리는 다른 사람들에 대해서만 의무감을 갖는 것 같지만 실제로는 우리들 자신에 대해서도 의무감을 갖는다. 왜냐하면 사회적인 연대성이란 사회적 자아가 우리들 각자의 마음속에서 개인적 자아에 덧붙여지는 순간에만 존재하기 때문이다. 이러한 사회적 자아를 개발하는 것이 사회에 대한 우리 의무의 본질이다.

우리의 마음 안에 사회적인 어떤 것이 없다면, 사회는 우리들에 대한 어떠한 지배력도 가지지 못할 것이다.

통합형 논술
문제풀이

01 1. (가)의 고양이의 관점에서 볼 때 칸트의 평소 생활은 그야말로 시간 속에 갇혀 사는 삶입니다. 매일 같은 시각에 같은 일을 하고 계획에 어긋나지 않도록 움직입니다. 같은 오후 3시라고 하더라도 그날그날 기분이나 몸 상태가 다르고, 그에 따라서 산책을 할 수도 책을 읽을 수도 있지만, 칸트는 자신이 정해놓은 규칙에 따라 시간을 씁니다. 이런 태도는 고양이 '베르그송'이 볼 때 매우 답답할 것입니다. 그렇지만 칸트가 책을 읽는 데 집중해서 산책을 깜빡했던 날의 경우라면, '베르그송'도 비로소 시계에 표시되는 숫자에 구애받지 않고 자신이 하고 싶은 일을 위해 시간을 잘 썼다고 말할 것입니다.

2. 시간을 초, 분, 시간 단위 별로 끊어서 말하는 이유는 사람들 사이에 의사소통을 하기 위해서입니다. 시간의 흐름 자체는 내 안에서 스스로 느끼는 것이지, 바깥에 있는 무언가를 발견하는 것이 아닙니다. 하지만 그 흐름을 느끼는 것은 개개인마다 다르기 때문에 하나의 객관적인 기준이 있어야 합니다. 그래야 사람들끼리 서로 약속 시간을 잡거나, 공동 작업을 할 때 일정대로 함께 맞춰 나갈 수 있기 때문입니다. 세계시간도 마찬가지입니다. 한국의 아침이 7~8시 정도라면 미국의 아침도 7~8시라야 다른 나라 사람 사이에 의사소통을 하기가 쉬울 것입니다. 한 개인이 느끼기엔 시간은 순수지속이지만, 사회를 이루고 다른 사람과 함께 살아갈 때엔 그 시간을 단위별로 나눌 필요가 있습니다.

02 1. 우리는 감각이 뛰어난 친구를 보고, '직관력이 뛰어나다.'라고 합니다. 여기서 말하는 직관은 이성을 가지고 논리적으로 유추해낸 결과나 선택이 아닙니다. 직관은 사물을 보았을 때 한 번에 다가오는 느낌이나 시각과 청각, 촉각, 미각, 후각을 사용하여 대상을 직접적으로 인식하는 일입니다.
한편 베르그송이 말하는 직관은 '공감'입니다. 무슨 말이냐면, 어떤 사람은 일본에 대한 생각을 그림이나 책, 사진을 통해 추

상적으로 이해합니다. 다른 사람은 직접 일본에서 살았기에 일본에 대한 직접적인 공감이 가능합니다. 즉 베르그송의 직관은 사진이나 책을 보고 가지는 직관이 아니라, 후자처럼 직접 겪으면서 알게 되는 공감입니다.

2. 찰리 채플린이 만들고 출연한 영화 '모던 타임즈'를 보면 주인공이 톱니바퀴에 끼여서 돌아가는 장면이 있습니다. 이 영화는 인간을 기계 부품의 하나로 생각하는 현대사회를 풍자하고 있습니다. 인간을 기계 부품의 하나쯤으로 여기는 사회는 사람들에게 직관을 요구하지 않습니다. 오직 기계의 발달과 객관적인 통찰력을 강요하고 있습니다. 현대 물질사회는 인간에게 숨어 있는 내면세계를 발달시키지 않고, 눈으로만 보이는 과학기술을 발달시키는데 급급합니다. 그러다 보니 어느덧 인간의 자리에 기계가 들어와, 인간은 멀찌감치 쫓겨나게 되었습니다.
이런 인간소외 현상에서 벗어나기 위한 구체적인 방법도 여럿 있습니다. 베르그송의

철학을 빌리면 사람과 사람, 사람과 대상 사이에 직접적인 공감을 만들어 인간소외 현상에서 벗어나야 한다고 할 수 있습니다. 우리는 공감을 통해 대상 전체와 하나가 되어 대상을 완전히 파악할 수 있습니다. 우리의 내면에 있는 직관과 공감을 키워 사용한다면 지성과 과학기술에 의지하는 태도를 버릴 수 있습니다.

03 개인은 한 인격체로서 홀로 살아가기도 하지만 사회 속에서 타인들과 상호 의존관계를 맺고 살아가기도 한다. 개인이 자신의 내면을 다스려 자아를 확립할 수만 있다면, 안정된 생활을 해나갈 수 있을 것이다. 하지만 평범한 개인들이 이런 모습을 갖추기는 어렵다. 따라서 개인은 사회 속에서 타인들과 서로 관계를 맺고 연대하는 상호 의존적인 생활을 선택할 수밖에 없다. 개인은 사회 구조라는 틀 속에서 독립적으로 존재하는 것이 아니라 상호 의존적인 관계로 즉, 사회화된 개인으로서 존재하게 된다.